AF509334

CATALOGUE

DE LA LIBRAIRIE

DE BOISTE FILS AÎNÉ,

RUE DE SORBONNE, N° 12,

A PARIS.

Paris, ce 1ᵉʳ mars 1824.

M.

J'ai l'honneur de vous adresser le Catalogue de ma librairie, dont les articles sont établis à des prix nets très-modérés.

Je vous accorderai les termes de paiemens suivans, *date de l'expédition*, savoir : pour les demandes de 200 à 300 fr., six mois ; pour celles de 400 fr. et au-dessus, six et huit mois.

Vous voudrez bien m'adresser vos billets pour le montant des envois, aussitôt après leur réception, *faute de quoi je ferai des traites sur vous pour m'en tenir lieu.*

S'il vous convient mieux de payer comptant en papier sur Paris, vous obtiendrez l'escompte de six pour cent.

Les reliûres, les articles de commissions, les caisses et emballages en toile neuve, se paient comptant.

Les personnes avec lesquelles je n'ai pas l'honneur d'être en correspondance, sont priées de me mettre à même de prendre les renseignemens d'usage.

Mon Catalogue est divisé en deux parties : la première se compose de livres d'ÉDUCATION, de LITTÉRATURE et d'HISTOIRE, etc.; la seconde, de livres de PIÉTÉ et de THÉOLOGIE. Chaque partie est divisée en deux ordres alphabétiques ; l'un contenant les articles de fonds et en nombre, l'autre ceux d'assortimens ; la deuxième partie, qui commence page 29, renfermant beaucoup d'articles qui ne se vendent que reliés, j'aurai soin d'avoir toujours un assortiment de reliûres qui me permette de ne faire éprouver aucun retard dans mes expéditions. Un cinquième ordre alphabétique, composé d'articles en souscription, et autres que je ne puis fournir qu'au comptant, sans la remise de six pour cent, commence à la page 42.

J'ai l'honneur de vous saluer,

Boiste fils aîné.

PRIX DES RELIURES.

IN-4.°	f. c.	IN-8°.	f. c.	IN-12.	f. c.	IN-18.	f. c.	IN-24.	f. c.	IN-32.	f. c.
Basane.	2 50	Basane.	1 25	Basane.	75	Basane.	60	Basane.	45	Basane.	40
Basane fil.	3	Basane fil.	1 50	Basane fil.	90	Basane fil.	75	Basane fil.	55	Veau d. s. t.	1 10
Veau fil.	4 50	Veau fil.	2 50	Basane d. s. t fil.	1 50	Basane d. s. t. fil.	1 20	Veau d. s. t.	1 25	Mouton maroq.	1 60
Veau d. s. t.	6	Veau d. s. t.	3 50	Veau d. s. t.	2 50	Veau d. s. t.	1 60	Mouton maroq.	2	Maroquin.	2
				Mouton maroq.	4	Mouton maroq.	2 50	Maroquin	2 50		
				Maroquin	4 50	Maroquin	3	Gr. in-24 bas.	50		

BIBLIOTHÈQUE SACRÉE,

ou

DICTIONNAIRE UNIVERSEL

HISTORIQUE, DOGMATIQUE, CANONIQUE, GÉOGRAPHIQUE ET CHRONOLOGIQUE

DES SCIENCES ECCLÉSIASTIQUES,

CONTENANT l'Histoire de la Religion, de son établissement et de ses dogmes; celle de l'Église considérée dans sa discipline, ses rits, cérémonies et sacremens; la Théologie dogmatique et morale, la décision des cas de conscience et l'ancien Droit canon; les personnages saints de l'ancienne et de la nouvelle loi; les Papes, les Conciles, les Siéges épiscopaux de *toute la chrétienté*, et l'ordre chronologique de leurs Prélats; enfin, l'histoire des Ordres militaires et religieux, des schismes et des hérésies;

PAR LES RÉVÉRENDS PÈRES RICHARD ET GIRAUD, DOMINICAINS.

Réimprimé avec additions et corrections par une Société d'Ecclésiastiques.

Cet ouvrage formera 25 à 28 volumes in-8°; si, contre toute attente, il contenait plus de volumes que le nombre fixé, nous délivrerions le surplus *gratis* aux souscripteurs.

Les onze premiers volumes sont en vente, le douzième paraîtra le 15 du courant, et les autres suivront de mois en mois sans interruption.

Le prix de chaque volume est, broché, pour les souscripteurs, de 5 f. p. 6 fr.

La souscription sera définitivement fermée le 1er juin prochain; passé cette époque, le prix de chaque volume sera de 6 f. p. 7 fr.

OEUVRES DE J. DOMAT, première édition in-8°, ornée d'un portrait, revue, corrigée et augmentée d'une Notice biographique sur *Domat*, et d'une Table de concordance entre les articles de nos Codes, et les passages de *Domat* qui s'y rapportent; par M. *Carré*, avocat à la Cour royale de Paris; 9 vol. in-8°.

Il paraît 5 volumes; le prix de chacun est de   5 f. p. 6 f.

Le 6e vol. paraîtra fin courant, et les autres volumes successivement de mois en mois.

SOUS PRESSE:

ENCYCLOPÉDIE DE LA JEUNESSE, ou ABRÉGÉ DES SCIENCES ET DES ARTS, par Mme *Tardieu-Denesle*, 6e édition, revue, corrigée et augmentée pour la géographie et l'histoire des changemens les plus remarquables arrivés jusqu'à ce jour; 1 fort volume in-12, orné de 6 jolies gravures, de deux cartes géographiques et d'un titre gravé.   3 f. p. 4 f.

ABRÉGÉ DES MÉTAMORPHOSES D'OVIDE, composé pour l'instruction de la jeunesse, avec une explication historique ou morale sur chaque fable, par Mme *Tardieu-Denesle*, 6e édition, 2 vol. in-18 ornés de 8 jolies vignettes et de titres gravés.   2 f. 60 c. p. 4 f.

ABRÉGÉ DE L'HISTOIRE DE FRANCE, par *Anquetil*, 2 vol. in-12 ornés de 2 gravures.   5 f. p. 7 f.

CATALOGUE

DE LA LIBRAIRIE DE BOISTE FILS AINÉ,

DICTIONNAIRE DE LA LANGUE FRANÇAISE, ABRÉGÉ DU DICTIONNAIRE DE L'ACADÉMIE, par PHILIPPON DE LA MADELAINE, de l'Académie de Lyon ; 4ᵉ édition, revue, corrigée et augmentée d'environ deux mille mots omis dans les Dictionnaires les plus modernes et de Vocabulaires orthographiques : 1° DE GÉOGRAPHIE; 2° DE MYTHOLOGIE; 3° DES NOMS DES PERSONNAGES CÉLÈBRES CITÉS DANS L'HISTOIRE; publiée par J.-A. BOISTE, 1 fort vol. in-8° d'environ 800 pages. *Paris*, 1823. 6f. p. 9f.

ÉRASTE, OU L'AMI DE LA JEUNESSE, ENTRETIENS FAMILIERS dans lesquels on donne aux jeunes gens de l'un et de l'autre sexe des notions suffisantes sur la plupart des connaissances humaines, et particulièrement sur la Logique, ou la science du raisonnement, la Doctrine, la Morale, et l'Histoire de la Religion; la Mythologie, la Physique générale et particulière; l'Astronomie, l'Histoire naturelle, la Géographie, l'Histoire de France; le Blason, etc. Ouvrage qui doit intéresser les pères et mères, et généralement toutes les personnes chargées de l'éducation de la jeunesse; par l'abbé FILASSIER; NOUVELLE ET JOLIE ÉDITION, REVUE, CORRIGÉE AVEC SOIN, CONSIDÉRABLEMENT AUGMENTÉE, CONTINUÉE POUR LA PARTIE GÉOGRAPHIQUE ET L'HISTOIRE DE FRANCE JUSQU'EN 1823, et ornée de 16 planches gravées en taille-douce, représentant 172 sujets, et de deux belles Cartes géographiques, FRANCE et MAPPEMONDE, 2 vol. in-8. *Paris*, 1823. 10 f. p. 12 f.

LA SAINTE BIBLE en latin et français, avec un Commentaire littéral, par le R. P. CARRIÈRE, prêtre de l'Oratoire de Jésus, 10 gros volumes in-12, papier ordinaire. 25 f. p. 40 f.

— *Le même ouvrage*, papier plus beau. 30 f. p. 45 f.

— *Le même ouvrage*, papier vélin. 45 f. p. 60 f.

Cette nouvelle édition, corrigée avec soin, et imprimée en caractères neufs et sur beau papier, renferme 60 à 80 pages de plus que l'édition publiée à Lyon en 1819, en raison d'une marge convenable.

MORCEAUX CHOISIS DE BUFFON, ou Recueil de ce que ce grand naturaliste offre dans ses OEuvres de plus remarquable sous le rapport de la pensée et du style; contenant aussi l'analyse des formes extérieures, des mœurs, caractère et habitudes des principaux animaux décrits par cet écrivain; édition ornée de *soixante jolies figures en taille-douce*, *et d'un titre gravé*, 1 vol. in-18. *Paris*, 1823. 1 f. 75 c. p. 2 f. 50 c.

— *Le même ouvrage*, papier satiné, figures coloriées avec beaucoup de soin, 1 vol. in-18. *Paris*, 1823. 3 f. p. 4 f. 50 c.

NOTA. Les divers autres morceaux choisis pouvant faire collection avec ceux de Buffon, sont mentionnés page 31.

DROIT PUBLIC FRANÇAIS, ou HISTOIRE DES INSTITUTIONS POLITIQUES, 1° des Gaulois, avant la conquête des Romains et sous leur puissance; 2° des Français, depuis leur établissement dans les Gaules jusqu'à l'ouverture des états-généraux en 1789, et depuis cette époque jusqu'à la dernière session des chambres, etc. : ouvrage dans lequel on trouve les principes du gouvernement primitif de la patrie; les diverses modifications qu'il a éprouvées; la naissance, les progrès et la chute de la féodalité; les attributions des assemblées de la nation, des états-généraux et des parlemens; les restrictions et l'étendue de la prérogative royale, selon les temps et les circonstances; l'administration municipale des pays d'états et des pays d'élection, et les différens changemens qu'elle a reçus depuis les temps les plus reculés jusqu'à nos jours; les divers systèmes financiers qui ont régi la France; tout ce qui concerne les droits politiques actuels des Français et les droits accordés en France aux étrangers de toutes les nations, avant et depuis la loi du 14 juillet 1819; les divers traités de la France avec les autres états; la contrainte par corps dans tous les cas où elle peut avoir lieu contre les Français et contre les étrangers; les cultes; le jury; l'ordre des juridictions en matière judiciaire et administrative; les conflits; les propriétés individuelles dans leurs rapports avec le droit public, les biens domaniaux et ceux particulièrement connus sous la dénomination de *biens nationaux;* la solution de toutes les questions qui se sont élevées par suite de l'abolition des lois sur l'émigration, et de la remise aux émigrés de leurs anciennes propriétés non vendues; un commentaire très-étendu sur la Charte constitutionnelle, etc., etc.; par J. B. PAILLIET, auteur du Manuel du droit français, 1 fort vol. in-8 de plus de 1,500 pages, que l'on peut diviser en trois volumes. *Paris*, 1822. 21 f. p. 30 f.

J'ai acquis le fonds et la propriété de cet ouvrage, publié récemment par M. Kleffer.

ABÉCÉDAIRE INSTRUCTIF ET AMUSANT, orné de 42 vignettes en taille-douce et d'une jolie figure gravée avec soin, 1 vol. in-12. *Paris*, 1823.   70 c. p. 1 f.

ABRÉGÉ DE LA VIE DES PLUS ILLUSTRES PHILOSOPHES de l'antiquité, par *Fénélon*, jolie édition, ornée de 27 portraits gravés en taille-douce, 1 vol. in-18. 1823.   1 f. 20 c. p. 1 f. 80 c.

ABRÉGÉ DU COURS DE LITTÉRATURE DE LA HARPE, ou Précis des jugemens de ce critique célèbre sur les écrivains anciens et modernes, et sur chacun de leurs ouvrages, par *René Perrin*, 2 vol. in-12. *Paris*, 1821.   5 f. p. 7 f.

AVENTURES DE TÉLÉMAQUE (les), par *Fénélon*, avec un Discours sur la poésie épique. 1 vol. in-12, bonne édition, ornée de 13 figures. *Paris*, 1822.   2 f. 25 c. p. 3 f. 50 c.

AVENTURES DE ROBINSON CRUSOÉ, traduction revue et corrigée sur la belle édition donnée par *Stock-Dalle*, en 1790, augmentée de la vie de l'auteur et ornée d'un portrait et de 19 belles estampes gravées par *Delvaux*, *Dupreel* et *Delignon*, 2 vol. in-8. *Paris*, 1822.   10 f. p. 12 f.

BUCOLIQUES DE VIRGILE (les), traduites en vers français, et suivies de morceaux choisis de Catulle, par *B.-B. Dupont*, 1 vol. in-18. *Paris*, 1822.   1 f. p. 1 f. 50 c.

BUFFON DE LA JEUNESSE (le), nouvelle et belle édition, ornée de 134 jolies figures en taille-douce. 4 vol. in-18. *Paris*, 1822.   5 f. p. 9 f.

CABINET DU JEUNE NATURALISTE (le), ou Tableaux intéressans de l'Histoire des Animaux, offrant la description de la nature, des mœurs et habitudes des quadrupèdes, oiseaux, poissons, amphibies, reptiles, etc., les plus remarquables du monde connu; traduit de l'anglais de Smith, 2e édition. *Paris*, 1822, 6 vol. in-12, imprimés par M. *Crapelet*, et ornés de 65 belles figures.   16 f. p. 24 f.

CAQUET-BON-BEC, la poule à ma tante, poëme badin, par *Junquières*, 1 vol. in-32, grand-raisin vélin, imprimé avec le plus grand soin par M. *Rignoux*, et orné d'une jolie vignette. *Paris*, 1824. 1 f. 50 c. p. 2f.

CONFESSIONS (les), de *J.-J. Rousseau*. 4 gros vol. in-32, grand-raisin, ornés de quatre jolies figures. *Paris*, 1822.   6 f. p. 10 f.

CONFISEUR ROYAL (le), contenant la manière de faire les confitures, compotes, dragées; la composition des liqueurs, crèmes, ratafiats et fruits à l'eau-de-vie, etc., 6e édition. *Paris*, 1821. 1 vol. in-12, avec trois planches.   2 f. p. 3 f.

CONTES VIEUX, pour l'amusement des grands et des petits enfans, 1 vol. in-12, orné de douze gravures comiques, *Paris*,   2 f. 75 c. p. 4 f.

CONTES (petits), à l'usage de la jeunesse, traduit de l'anglais, par Mme *Davot*. *Paris*, 1823, 1 vol. in-12, six figures.   2 f. p. 3 f.

CONTES ET NOUVELLES DE LA GRAND'MÈRE, ou LE SÉJOUR AU CHATEAU, PENDANT LA NEIGE, par Mme la comtesse d'*Hautpoul*. 2 vol. in-12, ornés de 12 gravures, *Paris*, 1823.   5 f. 50 c. p. 8 f.

CONTES MORAUX anciens et nouveaux, par *Marmontel*, nouvelle édition à laquelle on a ajouté les Promenades de Platon en Sicile et le Petit Voyage, précédés de l'Éloge de Marmontel, par l'abbé *Morellet*. 6 vol. in-18, ornés de 6 figures. *Paris*, 1820.   6 f. p. 10 f.

CUISINIER PARISIEN (l'art du), contenant la cuisine proprement dite, la charcuterie, la grosse pâtisserie fine, l'office dans toutes ses branches, la cuisine des malades, les remèdes qu'on doit administrer de suite, en attendant l'arrivée du médecin, dans le cas d'empoisonnement par les champignons, par les moules, par le vert-de-gris, par la morsure des reptiles vénimeux et des animaux enragés, etc.; dans l'asphixie, les brûlures, les indigestions, les chutes et les contusions graves, etc. Les procédés les plus sûrs, pour la conservation des substances alimentaires. Enfin, un Recueil de recettes choisies, sur toutes les branches de l'économie domestique; par *Albert*, seconde édition. 1 gros vol. in-8°, avec planches. *Paris*, 1823. 4 f. 50 c. p. 6 f.

DIALOGUES DES MORTS anciens et modernes, suivis de contes et fables, par *Fénélon*, nouvelle et bonne édition, 1 vol. in-12. *Paris*, 1822.   2 f. p. 3 f.

DIALOGUES SUR L'ÉLOQUENCE EN GÉNÉRAL, ET SUR CELLE DE LA CHAIRE EN PARTICULIER, avec une lettre écrite à l'Académie française par *Fénélon*, 1 volume in-12, nouvelle et bonne édition. *Paris*, 1822.   1 f. 50 c. p. 2 f. 50 c.
— *Le même ouvrage*, suivi de la traduction de l'Odyssée d'Homère, 1 fort vol. in-12. *Paris*, 1822. 2 f. p. 3 f.

DICTIONNAIRE RAISONNÉ DE LITTÉRATURE, DE LÉGISLATION ET DE MORALE, par *Grouard*, avocat, 2e édit., dédiée à M. *Royer-Collard*, conseiller d'état, 3 vol. in-8. *Paris*, 1819.   9 f. p. 15 f.

DICTIONNAIRE DE POCHE, FRANÇAIS-ANGLAIS ET ANGLAIS-FRANÇAIS, par *T.-H. Nugent*, augmenté de la Grammaire anglaise de Siret, 17e édition revue et corrigée par M. *Fain*, et ornée de deux figures. *Paris* 1823, 2 vol. in-16, très-bien imprimés sur beau papier.   5 f. p. 7 f. 50 c.
— *Le même ouvrage*, et la même édition sans la Grammaire.   4 f. p. 6 f.

DICTIONNAIRE HISTORIQUE DE LA JEUNESSE, ou Notices sur les jeunes gens des deux sexes, qui avant l'âge de vingt ans, ont acquis quelque célébrité, depuis les temps les plus reculés jusqu'à nos jours, par *Antoine*. 1 vol. in-8° avec 12 portraits. *Paris*, 1822. 4 f. p. 7 f. 50 c.

DICTIONNAIRE GÉOGRAPHIQUE (nouveau), ou Description de toutes les parties du monde , par *Vosgien*; nouvelle édition, revue et corrigée, avec le plus grand soin, d'après les derniers Traités de paix; augmentée de la nomenclature de tous les chefs-lieux de cantons et d'un grand nombre d'autres endroits omis dans les éditions précédentes ; avec l'indication exacte des foires et marchés de France et autres pays d'Europe, et des marchandises qui y sont exposées ; la valeur réelle et comparative des monnaies, des poids et des mesures françaises et étrangères ; les distances des villes, bourgs et villages de France , soit aux chefs-lieux des départemens ou d'arrondissemens , soit aux bureaux des postes ; la désignation des lieux par lesquels doivent être adressées les lettres pour les endroits où il n'y a pas de bureaux de postes, etc.; avec sept cartes géographiques , et les pavillons des principales puissances maritimes , 1 gros vol. in-8. *Paris*, 1823. 5 f. p. 9 f.

DICTIONNAIRE DE L'ACADÉMIE FRANÇAISE, 2 vol. in-4. *Paris*, 1822. 27 f. p. 36 f.

DICTIONNAIRE PORTATIF DE LA LANGUE FRANÇAISE , abrégé du Dictionnaire de l'Académie, et augmenté d'un grand nombre de mots nouvellement en usage, tirés des auteurs les plus célèbres, par *Philippon de la Madelaine*, troisième édition, revue et corrigée, 2 vol. in-18, imprimés sur très-beau papier coquille d'Angoulème. *Paris*, 1818. 4 f. p. 6 f.

DICTIONNAIRE DE POCHE DE LA LANGUE FRANÇAISE, avec la prononciation, composé sur le système orthographique de Voltaire, par *Catineau*, contenant aussi un Abrégé de la Grammaire française , et plus de 5,000 mots omis dans les dictionnaires les plus estimés , 7e édition augmentée d'un Dictionnaire de Géographie moderne, 1 gros vol. in-12. *Paris*, 1821. 4 f. 50 c. p. 7 f. 50 c.

— *Le même ouvrage*, papier fin. 6 f. p. 10 f.

DISCOURS DE M. LE CHANCELIER D'AGUESSEAU , nouvelle édition , augmentée de ses instructions à son fils, et des divers fragmens très-intéressans, extraits du Recueil général de ses œuvres. 2 vol. in-12 , portrait, 1822. 4 f. p. 6 f.

DISCOURS SUR L'HISTOIRE UNIVERSELLE de Bossuet, 2 vol. in-12, bonne édition. 3 f. 50 c. p. 5 f.

DIX NOUVELLES (les), ou les Jeunes Personnes à leur entrée dans le monde , par *Choquet*, auteur des Caractères de l'enfance, 2 v. in-12 , ornés de 12 jolies figures et titres gravés. *Paris*, 1823. 5 f. 50 c. p. 8 f.

ÉCOLE DES MOEURS (l'), ou Réflexions morales et historiques sur les maximes de la sagesse, par *Blanchard*, chanoine d'Avenay, nouvelle et bonne édition, ornée de six jolies figures en taille-douce, gravées avec soin, 3 vol. in-12. *Paris*, 1824. 5 f. p. 9 f.

ÉCOLIER VERTUEUX (l'), ou VIE ÉDIFIANTE D'UN ÉCOLIER DE L'UNIVERSITÉ DE PARIS, suivi de la Vie du duc de Bourgogne, par l'abbé *Proyart*, nouvelle édition, ornée d'un joli portrait, 1 vol in-18, *Paris*, 1823. 1 f. p. 1 f. 50 c.

ÉLÉMENS DE L'HISTOIRE DE FRANCE, depuis les premiers temps de la monarchie jusqu'au règne de Louis xv, par l'abbé *Millot*, de l'Académie française, nouvelle édition, continuée jusqu'en 1822 , 4 forts vol. in-12 , ornés de 4 jolies gravures. *Paris*, 1823. 9 f. p. 12 f.

— *Le même ouvrage*, orné de dix jolies gravures. 11 f. p. 15 f.

ÉLÉMENS DE LA GRAMMAIRE LATINE de Lhomond, édition très-correcte, 1 vol. in-12. 85 c. p. 1 f. 25 c.

ÉLÉMENS DE LA GRAMMAIRE FRANÇAISE de Lhomond, édition très-correcte, 1 vol. in-12. 40 c. p. 70 c.

ÉLÉMENTS (the) of english conversation with new familiar and easy dialogues each preceded by a suitable vocabulary in french and english, by *John Perrin*, a new edition, carefully revised by Lewis-Francis *Fain*, and enlarged with a choice of english idioms by *Chambaud*, 1 vol. in-12 cartonné. *Paris*, 1822. 80 c. p. 1 f. 25 c.

ÉMILE , ou DE L'ÉDUCATION , par *J.-J. Rousseau*, bonne édition, ornée de 6 jolies figures en taille-douce. 3 vol. in-12. *Paris*, 1822. 6 f. p. 9 f.

ÉNÉIDE DE VIRGILE (l'), traduite en vers avec le texte en regard, par *C.-L. Mollevaut*, 4 vol. in-18, grand-raisin. *Paris*, 1822. 9 f. p. 12 f.

EXAMEN CRITIQUE DES APOLOGISTES DE LA RELIGION CHRÉTIENNE, par *Freret*, 1 vol. in-18. *Paris*, 1822. 2 f. p. 3 f.

FABLES DE LA FONTAINE , belle édition, imprimée avec soin sur papier grand-raisin, 2 vol. in-18 avec titres gravés , ornés de 2 jolies vignettes. *Paris*, 1821. 3 f. 50 c. p. 6 f.

— *Le même ouvrage*, même édition, orné de 12 jolies figures, de deux vignettes et des titres gravés. 4 f. 50 c. p. 7 f. 50 c.

Nota. Cette édition est bien supérieure à toutes celles publiées jusqu'à ce jour dans ce format.

FABLES DE LA FONTAINE , nouvelle édition , ornée de 12 jolies figures , 1 vol. in-12. *Paris.* 1822.
2 f. 25 c. p. 3 f. 50 c.

FABLES DE LA FONTAINE, bonne édition ornée de 246 vignettes et d'un portrait en taille-douce, 2 vol. in-18. *Paris*, 1822.
5 f. p. 7 f. 50 c.

FABLES DE FLORIAN , seule édition ornée de 110 vignettes et d'un portrait gravés en taille-douce, 1 vol. in-12. *Paris*, 1822.
2 f. 25 c. p. 3 f. 50 c.

FABLES DE FLORIAN , nouvelle édition, 1 vol. in-18. *Paris*, 1821.
70 c. p. 1 f. 25 c.

— *Le même ouvrage* orné de 10 vignettes et d'un titre gravé.
1 f. p. 1 f. 50 c.

HISTOIRE DE FRANCE, depuis les Gaulois jusqu'à la mort de Louis XVI , par *Anquetil.* 15 forts vol. in-18. *Paris*, 1822.
20 f. p. 30 f.

HISTOIRE DE TOM-JONES, ou L'ENFANT TROUVÉ; imité de l'anglais de Fielding, par *Delaplace*, nouvelle édition imprimée sur papier superfin des Vosges, 4 vol. in-12 , ornés de 12 jolies gravures, *Paris* 1823.
11 f. p. 16 f.

— *Le même ouvrage*, jolie édition, 4 vol. in-18, ornés de 12 gravures, *Paris*, 1823.
6 f. p. 9 f.

HISTOIRE DE HENRI IV, par *Hardoin de Périfixe*, nouvelle et jolie édition ornée d'un beau portrait de Henri IV, d'un titre gravé et d'une vignette représentant l'entrée du monarque dans Paris, 1 très-gros vol. in-18. *Paris*, 1822.
2 f. p. 3 f.

HISTOIRE DE GILBLAS DE SANTILLANE, par *Lesage*, 4 forts vol. in-32 grand-raisin, ornés de 4 jolies figures, *Paris*, 1823.
6 f. p. 10 f.

HISTOIRE DE BERTRAND DU GUESCLIN, par *Guyard de Berville*, nouvelle et jolie édition, 2 vol. in-12. 1821.
3 f. 25 c. p. 5 f.

HISTOIRES DU PETIT JEHAN DE SAINTRÉ ET DE GÉRARD DE NEVERS, par *Tressan*, 1 vol. in-32, orné d'une jolie figure, *Paris*, 1824.
1 f. 40 c. p. 2 f.

HISTOIRE DES NAUFRAGES, ou Recueil des Relations les plus intéressantes des naufrages, nouvelle édition , augmentée *du naufrage du brick américain le Commerce , du vaisseau l'Alceste , de la frégate la Méduse*, etc., par M. *Eyriès.* 3 gros vol. in-12 , ornés de six gravures. *Paris*, 1821.
6 f. p. 9 f.

HISTOIRE ANCIENNE ET HISTOIRE ROMAINE, par *Rollin*, ancien recteur de l'Université de Paris , 38 vol. in-18, jolie édition. *Paris*, 1816.
42 f. p. 76 f.

— *Le même ouvrage*, papier vélin.
75 f. p. 150 f.

HOMME DES CHAMPS (l') , poëme, par *Delille*, très-belle édition, imprimée sur papier vélin, par M. *Didot aîné*, ornée de 8 très-jolies vignettes, et de 5 belles estampes, épreuves avant la lettre, 1 vol. in-8.
10 f. p. 18 f.

INCAS (les) ou la Destruction de l'empire du Pérou , par *Marmontel*, belle édition, imprimée par MM. *Firmin Didot*, père et fils, sur papier grand-raisin. 2 vol. in-32, ornés de 4 jolies gravures. *Paris*, 1821.
4 f. p. 6 f.

INCAS (les), ou la Destruction de l'empire du Pérou, par *Marmontel*, jolie édition ornée de 4 belles figures, 1 vol. in-8. *Paris*, 1822.
7 f. p. 8 f.

INTRODUCTION A LA PHILOSOPHIE, ou Nouvelle Logique française pour préparer les jeunes gens à subir l'examen de bachelier ès-lettres, par *Perrard*, 1 vol. in-8. *Paris*, 1822.
2 f. 50 c. p. 3 f. 50 c.

JEUNES PERSONNES (les), nouvelles, par Mme *de Renneville*, 2 vol. in-12, ornés de 10 jolies figures et titres gravés. *Paris*, 1822.
5 f. 50 c. p. 8 f.

JEUX INNOCENS DE SOCIÉTÉ (les), augmentés de charades en action, par Mme *Tardieu Denesle*. 3e édition imprimée avec soin par M. *Crapelet. Paris,* 1821, 1 volume in-18 orné de 6 jolies gravures.
1 f. 50 c. p. 2 f. 50 c.

JOSEPH , poëme, par *Bitaubé;* nouvelle édition, soigneusement imprimée par *Rignoux*, sur joli papier. *Paris*, 1823 , 1 vol. in-18, orné de 6 jolies vignettes.
2 f. p. 3 f.

LEÇONS FRANÇAISES DE LITTÉRATURE ET DE MORALE (nouvelles), contenant 1° un Traité élémentaire de Rhétorique et de Versification, suivi de l'Art poétique de Boileau; 2° les plus beaux Morceaux de la langue française, tant en prose qu'en vers, avec des Notes; 3° un Choix de maximes et de pensées extraites des meilleurs auteurs français, etc., par *A.-H. Lemonnier*, avocat à la Cour royale de Paris, belle édition, imprimée par M. Crapelet, sur pap. superfin, 2 vol. in-8. *Paris*, 1822.
10 f. p. 12 f.

— *Le même ouvrage*, 2 gros vol. in-12. *Paris*, 1822.
6 f. p. 7 f.

LETTRES PROVINCIALES, par *Pascal*, jolie édition revue avec soin par *Auguis. Paris*, 1822, 2 vol. in-18 , imprimés par *Didot*, sur pap. fin.
4 f. p. 5 f.

LETTRES SUR L'ITALIE, en 1785, par *Dupaty*, édition ornée de 3 jolies gravures. 3 vol. in-18, *Paris*, 1823.   3 f. 75 c. p. 5 f.

— *Le même ouvrage*, même édition, 3 vol. in-32, grand-raisin.   3 f. 75 c. p. 5 f.

LUCRÈCE, de la Nature des choses, traduction et notes, par *Lagrange*, 2 vol. in-18, belle édit., ornée de 2 jolies fig. *Paris*, 1823.   4 f. 50 c. p. 6 f.

LYCÉE, ou COURS DE LITTÉRATURE ancienne et moderne, par *J. F. La Harpe*, nouvelle édition classique et complète. 5 vol. in-8. *Paris*, 1817.   24 f. p. 36 f.

LYCÉE (le) DE LA JEUNESSE, ou les études réparées. Nouveau cours d'instruction à l'usage des jeunes gens des deux sexes, par M. *Moustalon*, 4e édit. 2 vol in-12, port. *Paris*, 1823.   4 f. 50 c. p. 7 f.

MAGASIN DES ENFANS, ou Dialogues d'une sage gouvernante avec ses élèves, par Mme *Leprince de Beaumont*, 4 vol. in-12, fig. *Paris*, 1823.   4 f. p. 6 f.

MAGASIN DES ADOLESCENTES, *par la même.* 4 vol. in-12, ornés de 4 fig. *Paris*.   4 f. p. 6 f.

MAGASIN DES JEUNES DAMES, *par la même.* 6 vol. in-12, *Paris*.   6 f. p. 9 f.

MAGASIN DES PAUVRES, par *la même*, 2 vol. in-12, bonne édition. *Paris*.   2 f. p. 3 f.

MAITRE D'ANGLAIS (le), par *Cobbett*, avec les notes de *Poppleton*, nouvelle édition, revue et augmentée par M. *Fain*, 1 fort vol. in-12. *Paris*, 1823.   2 f. 25 c. p. 3 f. 50 c.

MAXIMES DE LA ROCHEFOUCAULD, nouvelle édition, avec toutes les variantes, et une notice sur sa vie, par *Auguis*, 1 vol. in-18, jolie édition, imprimée par *F. Didot*, sur papier fin, et ornée d'un beau portrait, *Paris*, 1823.   2 f. p. 2 f. 50 c.

MENTOR DE L'ENFANCE ET DE L'ADOLESCENCE, ou Conseils de la morale, de la prudence et de la sagesse, 1 vol. in-12, orné de 23 jolies figures. *Paris*, 1822.   2 f. 25 c. p. 3 f.

MORALE EN ACTION (la), ou Élite de faits mémorables et d'anecdotes instructives, 1 vol. in-12, orné de 4 jolies figures. *Paris*.   1 f. 50 c. p. 3 f.

MORALE (la) DES POÈTES, ou pensées extraites des plus célèbres poëtes latins et français, 3e édition augmentée des pensées de *Delille* et de *Ducis*, et ornée des portr. de *Virgile*, *Horace*, *Boileau* et *Rousseau*, par M. *Moustalon*, 2 vol. in-12. *Paris*, 1823.   4 f. p. 6 f.

MYTHOLOGIE DE LA JEUNESSE (nouvelle), par demandes et par réponses, divisée en quatre parties, avec Table générale, en forme de dictionnaire, de toutes les mythologies dont il est question dans l'ouvrage, etc., par Mme *Tardieu-Denesle*, seconde édition, 2 vol. in-12, ornés de 83 jolies fig. en taille-douce. *Paris*, 1820.   4 f. 50 c. p. 6 f.

NOUVELLE HÉLOISE (la) ou Julie, par *Rousseau*, 4 très-forts vol. in-32, grand-raisin, ornés de 4 jolies vignettes. *Paris*, 1822.   6 f. p. 10 f.

NUITS D'YOUNG (les), trad. de l'anglais, par *Letourneur*, nouvelle édition bien imprimée et ornée de 2 jolies gravures, 2 vol. in-12. *Paris*, 1823.   4 f. p. 6 f.

OEUVRES DE L'ABBÉ MILLOT, de l'Académie française, comprenant l'Histoire générale ancienne et moderne, l'Histoire d'Angleterre et l'Histoire de France. Nouvelle édition, continuée par MM. *Millon* et *Delisle de Sales*, 12 gros vol. in-8, imprimés sur pap. superfin, par M. *Firmin Didot*. *Paris*, 1820.   60 f. p. 84 f.

OEUVRES POSTHUMES DE L'ABBÉ MILLOT; DIALOGUES ET VIE DU DUC DE BOURGOGNE, père de Louis xv, ouvrage composé par l'abbé *Millot* pour l'éducation de S. A. S. monseigneur le duc d'Enghien son élève, 1 vol. in-8, orné d'un joli portrait de monseigneur le duc d'Enghien. *Paris*, 1816. 4 f. 50 c. p. 6 f. Nota. Ce volume peut faire suite aux OEuvres de l'abbé Millot, 12 vol. in-8.

OEUVRES DE BERTIN, avec les passages imités des poëtes latins; 2 vol. in-32, grand-raisin pap. vélin, ornés d'un joli portrait, belle édit. imprimée par M. *Didot*. *Paris*, 1823.   5 f. p. 6 f.

OEUVRES CHOISIES DE GENTIL BERNARD, 1 vol. in-32, papier grand-raisin vélin, orné d'un joli port., belle édit. imprimée par M. *Didot*. *Paris*, 1823.   2 f. 50 c. p. 3 f.

OEUVRES CHOISIES DE GRESSET, jolie édition imprimée avec soin sur papier grand-raisin vélin, 1 volume in-32, orné d'une belle vignette. *Paris*, 1824.   2 f. 75 c. p. 3 f. 50 c.

OEUVRES DE MOLIÈRE, avec des remarques grammaticales, des avertissemens et des observations sur chaque pièce, par *Bret*, précédées de la Vie de *Molière* par *Voltaire*, et de son Éloge par *Champfort*, nouvelle et bonne édition imprimée sur celle de 1773, par M. *Crapelet*. 6 vol. in-8. *Paris*, 1821.   30 f. p. 45 f.

— *Le même ouvrage*, papier satiné.   32 f. p. 48 f.

— *Le même ouvrage*, papier satiné, orné de 12 belles gravures dont le portrait de Molière, d'après *Coypel*, par M. *Dequevauviller*, et de 11 estampes d'après de nouveaux dessins de M. *Chasselat*, par d'excellens artistes.   39 f. p. 60 f.

OEUVRES COMPLÈTES DE MOLIÈRE, revues avec soin sur les différentes éditions ; précédées d'une nouvelle Vie de Molière, et d'un Tableau chronologique et historique sur ses pièces, par *Auguis*, 8 vol. in-18, belle édition, imprimée par M. *F. Didot* sur papier fin. *Paris*, 1823. — 16 f. p. 20 f.

— *Le même ouvrage*, orné de 8 jolies gravures. — 20 f. p. 24 f.

OEUVRES COMPLÈTES DE MONTESQUIEU, nouvelle et jolie édition, 8 vol. in-12, ornés de 2 cartes géographiques, et d'un portrait. *Paris*, 1821. — 12 f. p. 20 f.

— *Le même ouvrage*, 8 vol. in-18. *Paris*, 1820. — 9 f. p. 16 f.

OEUVRES CHOISIES DE LESAGE, nouvelle et jolie édition, 14 vol. in-12, bien imprimés par M. *Didot jeune*, et ornés de 40 jolies gravures nouvelles, et de 17 feuilles de musique gravée. — 42 f. p. 64 f.

— Le même ouvrage, 16 vol. in-18, avec les 40 gravures et la musique. — 24 f. p. 36 f.

On vend séparément :

Diable Boiteux, 2 vol. in-12, fig. . . . . 5 f. 50 c. p. 8 f.

— *Le même ouvrage*, 2 vol. in-18, fig. . . . . 3 f. 25 c. p. 4 f. 50 c.

Bachelier de Salamanque, 2 vol. in-12, fig. . . . . 5 f. 50 c. p. 8 f.

— *Le même ouvrage*, 2 vol. in-18, fig. . . . . 3 f. 25 c. p. 4 f. 50 c.

Gusman d'Alfarache, 2 vol. in-12, fig. . . . . 7 f. p. 10 f.

— *Le même ouvrage*, 2 vol. in-18, fig. . . . . 4 f. p. 5 f. 50 c.

Estevanille, 2 vol. in-12, fig. 5 f. 50 c. p. 8 f.

— *Le même ouvrage*, 2 vol. in-18, fig. . . . . 3 f. 25 c. p. 4 f. 50 c.

Théâtre, 2 vol. in-12, fig. et musique. . . . . 9 f. p. 12 f.

— *Le même ouvrage*, 2 vol. in-18, fig. et musique. . . . . 5 f. p. 7 f.

OEUVRES CHOISIES DE PIRON, précédées d'une Notice historique sur sa vie et sur ses ouvrages, et accompagnée des jugemens de Voltaire, de Marmontel, de La Harpe et de Le Mercier ; belle édition imprimée par M. *Crapelet*, 2 vol. in-8° sur papier superfin satiné, ornés d'un beau portrait de l'auteur et d'un *fac simile* de son écriture. *Paris*, 1823. — 11 f. p. 14 f.

OEUVRES COMPLÈTES DE Mme COTTIN, précédées d'une Notice sur sa vie et ses écrits, etc., nouvelle édition, 12 vol. in-18, avec 12 figures. *Paris*, 1821. — 9 f. p. 15 f.

On vend séparément :

Claire d'Albe, 1 vol. in-18, fig. . . . . 75 c. p. 1 f. 25 c.

Malvina, 3 v. in-18, fig. . . . . 2 f. 25 c. p. 3 f. 75 c.

Amélie Mansfield, 3 vol. in-18, fig . . . . 2 f. 25 c. p. 3 f. 75 c.

Mathilde, ou Mémoires tirés de l'histoire des croisades, 4 vol. in-18, fig. . . . 3 f. p. 5 f.

Élisabeth, ou les Exilés de Sibérie, 1 vol. in-18, fig. . . . . 75 c. p. 1 f. 25 c.

OEUVRES COMPLÈTES DE J. RACINE, avec les variantes, et une Vie de *Racine*, par *Geoffroy*, 4 forts volumes in-8, ornés du portrait de *Racine* et de 12 fig. *Paris*. — 16 f. p. 25 f.

— *Le même ouvrage*, papier vélin. — 25 f. p. 40 f.

OEUVRES COMPLÈTES DE LOUIS RACINE, 6 forts vol. in-8, portrait. — 18 f. p. 30 f.

OEUVRES D'HOMÈRE, ou l'Iliade et l'Odyssée traduites en français avec des remarques et des réflexions, par *Bitaubé*, membre de l'Institut, nouvelle édition, 4 vol. in-12, imprimés par M. *Crapelet* sur beau papier d'Auvergne, ornés des portraits d'Homère et de Bitaubé, et de 2 jolies figures allégoriques. *Paris*, 1822. — 9 f. p. 12 f.

— *Le même ouvrage*, 4 vol. in-8, avec les mêmes figures. *Paris*, 1822. — 18 f. p. 24 f.

OEUVRES DRAMATIQUES DE DESTOUCHES, nouvelle édition, précédée d'une Notice sur la vie et les ouvrages de cet auteur, 6 gros vol. in-8, imprimés par M. *Crapelet*, ornés du portrait de l'auteur, et de 11 fig. dessinées par M. Lafitte, et gravées par d'habiles artistes. *Paris*, 1820. — 25 f. p. 36 f.

OEUVRES POÉTIQUES DE BOILEAU, édition classique avec des notes historiques et les passages imités des Poëtes Latins ; 1 vol. in-18, jolie édition imprimée par M. *F. Didot* sur papier fin. *Paris*, 1824. — 2 f. 50 c. p. 3 f.

OEUVRES COMPLÈTES DE RÉGNARD, avec des Avertissemens et des Remarques sur chaque pièce, par M. *Garnier*. Nouvelle édition, imprimée par M. *Crapelet*, 6 vol. in-8, ornés de 11 fig. gravées d'après les dessins de *Moreau* et *Marillier*, et d'un portrait de Régnard. *Paris*, 1820. — 25 f. p. 36 f.

ORNEMENS DE LA MÉMOIRE, ou Traits brillans des poëtes français les plus célèbres, par *Alletz*. Jolie édit. en caractère neuf et beau pap. 1 vol. in–12, 1821.   1 f. 5o c. p. 2 f. 5o c.

PALMYRE, ou L'ÉDUCATION DE L'EXPÉRIENCE, par Mme *de Renneville*, 2 vol. in–12, ornés de 12 jolies gravures. *Paris*, 1822.   5 f. 5o c. p. 8 f.

PARFAIT NOTAIRE (le), ou la Science des Notaires, par *A. L. Massé*, ancien notaire à Paris et ex-professeur de notariat à l'Académie de Législation, cinquième édition, revue, corrigée et augmentée des lois, ordonnances et arrêtés de la Cour de cassation jusqu'en 1821; 3 vol. in–4 de 7oo à 8oo pages. *Paris*, 1821.   36 f. p. 45 f.

PARFAIT MODÈLE (le), ou VIE DE BERCHMANS, écolier vertueux, 1 vol. in–18, orné d'un joli portrait. *Paris*, 1824.   1 f. p. 1 f. 5o c.

PENSÉES DE PASCAL, jolie édition, revue avec soin par *Auguis*, 2 vol in–18, imprimés par *Didot*, sur pap. fin. *Paris*, 1822.   4 f. p. 5 f.

PLUTARQUE DE L'ENFANCE, ou Maximes et Traits historiques, extraits des vies des hommes illustres de Plutarque, 4e édition, 1 vol. in–12, orné de 4o portraits, 1821.   2 f. p. 3 f.

POÉSIES DE J.-B. ROUSSEAU, revues avec soin sur les meilleures éditions, et précédées d'une Notice biographique, par *Auguis*, 2 vol. in–18, imprimés par *Didot*, sur pap. fin et ornés d'un joli portrait. *Paris*, 1822.   4 f. p. 5 f.

POÉSIES DE MALHERBE, revues avec soin sur toutes les éditions de ce poëte, par *Auguis*, précédées d'une Notice biographique, et suivies de la Lettre de Malherbe, sur la mort de son fils, écrite à Louis XIII, 1 vol. in–18, jolie édition, imprimée par *Firmin Didot*, sur pap. fin, ornée d'un beau portrait. *Paris*, 1822.   2 f. p. 2 f. 5o c.

POÉSIES DIVERSES, par *C.-L. Mollevaut*, de l'Institut, 1 vol. in–18, imprimé par *Didot*, sur papier fin grand–raisin, orné d'une jolie gravure. *Paris*, 1821.   2 f. p. 3 f.

PRÉCIS DE L'HISTOIRE UNIVERSELLE, ou TABLEAU HISTORIQUE représentant les vicissitudes des Nations, leur décadence et leurs catastrophes, depuis le temps où elles ont commencé à être connues, jusqu'au moment actuel; par *Anquetil*, de l'Institut et de la Légion-d'Honneur, nouvelle édition, 12 vol. in–12. *Paris*, 1823.   24 f. p. 36 f.

— *Le même ouvrage*, 12 vol. in–8°.   36 f. p 5o f.

PRÉCIS DE L'HISTOIRE UNIVERSELLE, ou Tableau historique présentant les vicissitudes des nations, leur décadence et leurs catastrophes depuis le temps où elles ont commencé à être connues jusqu'à la fin du XVIIIe siècle, par *Anquetil*, 12 vol. in–18. *Paris*, 1822.   18 f. p. 25 f.

RÉPERTOIRE UNIVERSEL ET RAISONNÉ DE JURISPRUDENCE (additions à la 3e édition du), par *Merlin*, contenant par ordre alphabétique tous les articles nouveaux insérés dans la 4e édition, et formant les tomes 14, 15 et 16 de la 3e édition, 3 vol. in–4. *Paris*.   45 f. p. 54 f.

ROMAN COMIQUE (le), par *Scarron*, nouvelle et jolie édition, ornée de 4 gravures. *Paris*, 1823, 4 vol. in–18.   4 f. p. 6 f.

SAISONS (les), poëme par *Saint-Lambert*, bonne édition ornée d'une jolie figure, 1 vol. in–32, grand–raisin. *Paris*, 1823.   1 f. 5o c. p. 2 f.

— *Le même ouvrage*, même édition ornée d'une jolie figure, 1 vol. in–18. *Paris*, 1823.   1 f. 5o c. p. 2 f.

VIE DE LOUIS XVI, par M. *Saint-Prosper*, seconde édition, revue et augmentée, 1 volume in–18. *Paris*, 1821.   1 f. 5o c. p 2 f.

VIE ET AMOURS DU CHEVALIER DE FAUBLAS, par *Louvet de Couvray*, 8 vol. in–18, fig. *Paris*, 1820.   5 f. p. 8 f.

VIRGILII MARONIS opera interpretatione et notis illustravit *Carolus Ruæus*, juxta christianissimi regis, ad usum serenissimi delphini, 3 vol in–12. *Lyon*, 1822.   6 f. p. 9 f.

ABÉCÉDAIRE INSTRUCTIF des Arts et Métiers, nouvelle édition, ornée de 26 figures, in–12. *Lyon*, 1823.   4o c. p. 6o c.

ABÉCÉDAIRE récréatif et amusant, avec 27 figures en bois, in–12. *Lyon*, 1820.   4o c. p. 6o c.

ABRÉGÉ de l'ami des enfans, par *Berquin*, 4 vol. in–18, fig. *Paris*, 1818.   2 f. 5o c. p. 4 f.

ABRÉGÉ de la vie des plus illustres Philosophes de l'antiquité, par *Fénélon*. 1 vol. in–12, avec le portrait de l'auteur.   1 f. 5o c. p. 2 f. 5o c.

ABRÉGÉ de l'Histoire générale des Voyages, par *La Harpe*, réduit aux traits les plus intéressans et les plus curieux. 2 forts vol. in–12, ornés de 8 jolies figures. *Paris*, 1819.   4 f. 5o c. p. 6 f.

ABRÉGÉ de l'Histoire romaine depuis la fondation de Rome jusqu'à la chute de l'empire romain, traduit de l'anglais de Goldsmith, par M. *Bruyset*, 1 vol. in-12. *Paris*, 1817. 2 f. p. 3 f.

ABRÉGÉ de l'Histoire du Bas-Empire de Le Beau, par *A. C****, 2 forts vol. in-12, ornés de 2 figures. *Paris*, 1819. 6 f. p. 9 f.

ABRÉGÉ de l'Histoire de France, par *Bossuet*, 1 gros vol. in-8°. *Paris*, 1821. 5 f. p. 8 f.

ABRÉGÉ de l'Histoire de France, par demandes et réponses, par *Leragois*, nouvelle édition, augmentée aux règnes de Henri iv, Louis xiv et Louis xvi, 1 vol. in-12 avec une figure. *Douai*, 1821. 1 f. 5o c. p. 2 f. 25 c.

ABRÉGÉ de toutes les sciences, à l'usage des enfans des deux sexes, 1 vol. in-12, fig. en bois, *Lyon*, 1812. 1 f. 5o c. p. 2 f. 25 c.

ABRÉGÉ élémentaire de l'Histoire de France, depuis les temps héroïques jusqu'à nous, par M. *Gault-de-Saint-Germain. Paris*, 1821, 3 forts vol. in-12, avec notes en mignonne. 7 f. 5o c. p. 12 f.

ABRÉGÉ de l'Origine de tous les Cultes, par *Dupuis*, nouvelle édition, 1 gros vol. in-8°. *Paris*, 1821. 4 f. 5o c. p. 6 f.

ABRÉGÉ des voyages modernes pour servir de suite à l'Abrégé de l'histoire générale des voyages, par *Caillot*, 2 vol. in-12, fig. 4 f. 5o c. p. 6 f.

ABRÉGÉ du Cours de littérature de La Harpe, ou Précis des jugemens de ce critique célèbre, par *René Perrin. Paris*, 1821, 2 vol. in-12. 5 f. p. 7 f.

ABRÉGÉ du Système de la nature de Linné, par M. *Gilibert*. 1 fort vol. in-8, avec fig. 3 f. 6o c. p. 6 f.

ABRÉGÉ du Voyage du jeune Anacharsis en Grèce, par l'abbé *Barthélemy*, rédigé par *Caillot. Paris*, 1820, 2 vol. in-12, ornés d'une carte et de plusieurs figures. 5 f. 5o c. p. 9 f.

ADÈLE ET THÉODORE, par madame *de Genlis*. 4 v. in-12. 7 f. 5o c. p. 10 f.

ALGÈBRE et application de l'algèbre à l'arithmétique et à la géométrie, par *Bezout*, édition revue et augmentée par *Peyrard*, 1 fort vol. in-8°, avec 5 planches. *Paris*, 1820. 4 f. p. 6 f.

ALLEMAGNE (de l'), par Madame *de Staël Holstein*, nouv. édit. *Paris*, 1818, 3 vol. in-8. 13 f. p. 18 f.

AMI (l') DE LA JEUNESSE, ou Morceaux choisis de Berquin, 1 vol. in-18, orné de 7 fig. et titre gravé. *Paris*, 1819. 1 f. p. 1 f. 5o c.

AMI DES ENFANS (l'), par *Berquin*, édition ornée de 12 jolies figures. *Paris*, 1818, 12 vol. in-18. 9 f. p. 15 f.

AMI DES ENFANS (l'), par *Berquin*, 12 vol. in-18, ornés de 48 figures en taille-douce. *Paris*, 1822. 10 f. p. 15 f.

AMI DES ENFANS (le nouvel), ou le Berquin anglais, traduit de l'anglais par *Bertin*; 4° édition. *Paris*, 1816, 4 vol. in-18, ornés de 24 figures. 4 f. p. 6 f.

AMI DES JARDINIERS (l'), par *Poinsot. Paris*, 1806. 2 vol in-8, avec 20 planches. 7 f. p. 10 f.

AMOURS DE PSYCHÉ (les) ET DE CUPIDON, par *Lafontaine*, 2 vol. in-18, ornés de deux figures. *Paris*, 1 f. 5o c. p. 2 f. 25 c.

AMOURS DE HENRI IV (les) avec ses Lettres galantes à la duchesse de Beaufort et à la marquise de Verneuil, 1 vol. in-12, portrait, 1779. 1 f. 25 c. p. 2 f.

ANGLETERRE ANCIENNE, ou Tableau des mœurs, usages, armes, habillemens, etc., des anciens habitans de l'Angleterre, trad. de l'anglais de *Strutt*, 2 vol. in-4, avec 67 planches. 15 f. p. 24 f.

ANNALES DE L'EMPIRE, ou Histoire du Parlement, par *Voltaire*, 2 v. in-18, grand-raisin. 4 f. p. 6 f.

ANNÉE DE BONHEUR (une), ou les Récompenses méritées. *Paris*, 1821, 1 vol. in-18, avec 11 jolies figures. 1 f. 25 c. p. 2 f.

ANTENORS MODERNES (les), ou Voyages de Christine et de Casimir en France, pendant le règne de Louis xiv. *Paris*, 1806, 3 v. in-8, fig. 12 f. p. 18 f.

ANTIQUITÉS ROMAINES, ou Tableau des mœurs, usages et institutions des Romains, par *Adam*, traduit de l'anglais avec des notes du traducteur français. 2 vol. in-8, imprimés par *Didot. Paris*, 1818. 10 f. p. 12 f.

ANTIQUITES GRECQUES, ou Tableau des mœurs, usages et institutions des Grecs, par *Robinson*, traduit de l'anglais, avec des Notes du traducteur français, 2 vol in-8, imprimés par *Didot. Paris*, 1822. 13 f. p. 15 f.

ANTIQUITÉS ROMAINES (les) de *Denys d'Halicarnasse*, traduites en français, 6 v. in-8°. 14 f. p. 24 f.

ARITHMÉTIQUE (Traité Pratique d') ancienne et décimale, comparée et rendue facile, de la géométrie, de l'arpentage, du toisé des bâtimens, bois, etc., par *J. Chenu*, institut.-géomètre, 1 vol. in-8, avec planches présentant 45 figures, *Paris*, 1822. 4 f. p. 6 f.

ARITHMÉTIQUE (Traité d') à l'usage des pensionnats et des écoles chrétiennes, nouv. édition, par *F.-P. Silvestre*, 1 vol. in-8, 1818. 4 f. 5o c. p. 6 f.

ARITHMÉTIQUE (abrégé d') à l'usage des pensionnats et des écoles chrétiennes, augmenté du calcul décimal, d'une instruction sur les mesures anciennes et nouvelles, par *F.-P. Silvestre*, 1 vol. in-12, 1819. 6o c. p. 90 c.

ARITHMETIQUE DE BEZOUT, à l'usage de la marine et de l'artillerie, suivie des principes fondamentaux de l'arithmétique, de toutes les règles nécessaires au commerce, etc., par *Peyrard*, 10° édition, 1 vol. in-8. *Paris*, 1822. 2 f. p. 3 f.

ART de conserver la Beauté, par *Abdeker*, 4 vol. in-18. *Paris*, 1791. 3 f. p. 5 f.

ART (l') POLITIQUE, poëme en quatre chants, suivi de pièces fugitives et œuvres diverses, par M. *Berchoux*, 1 vol. in-18, orné d'une fig. *Paris*, 1823. 3 f. p. 3 f. 5o c.

ART DU SALPÊTRIER, par MM. *Bottée* et *Riffault*, membres de l'administration des poudres et salpêtres, 1 vol. in-4°, avec planches. 6 f. p. 10 f.

ART DE LA CORRESPONDANCE (l'), contenant 1° des lettres de Chesterfield à son fils; 2° des lettres d'auteurs célèbres; 3° des lettres diverses; 4° des instructions particulières pour écrire chaque genre

de lettres; 4ᵉ édition. *Paris*, 1816, 1 vol in-12,
2 f. 25 c. p. 3 f.

ART VÉTÉRINAIRE, ou Médecine du cheval, du
bœuf, de la brebis et du chien, etc., par *de la
Bère-Blaine*, médecin vétérinaire; trad. de l'anglais, 3 vol. in-8, avec 9 planches.   9 f. p. 18 f.

ASTRONOMIE DES DAMES, par *Jérôme de Lalande*,
4ᵉ édition, 1 volume in-18, fig. *Paris*, 1820.
1 f. p. 1 f. 50 c.

ATLAS du Voyage du jeune Anacharsis, 1 volume
in-4. *Paris*.   5 f. p. 9 f.

ATLAS de toutes les parties du Monde, à l'usage de
la jeunesse, contenant les découvertes des voya-
geurs modernes, et l'état géographique de l'Europe,
d'après les derniers Traités de paix, 1 vol. in-4°
oblong, *cartonné*.   8 f. p. 12 f.

ATLAS portatif de Géographie moderne des cinq parties du Monde, composé de 32 cartes coloriées,
dressées d'après les derniers Traités de paix, par
M. *Maire;* précédé d'un Précis de Géographie moderne et de notions sur la sphère, par Mᵐᵉ *Tardieu Denesle*, 1 vol. in-8°, oblong, *cartonné. Paris*,
1820.   8 f. p. 12 f.

ATLAS de poche des cinq parties du Monde, composé de 32 cartes, dressées d'après les derniers
Traités de paix, par M. *Maire. Paris*, 1 vol. in-18,
cartonné, rogné.   4 f. 50 c. p. 6 f.

AVENTURES DE TÉLÉMAQUE, par *Fénélon*, nouvelle et jolie édition en gros caractère interligné,
conforme à celle du Dauphin, avec des Notes
mythologiques de Noël, 4 vol. in-18, ornés de 24 fig.
Paris, 1822.   6 f. p. 10 f.

AVENTURES DE TÉLÉMAQUE, précédées du Discours sur la Poésie épique, et augmentées de notes
géographiques et mythologiques, par *Fénélon*, 2 v.
in-12, ornés du portrait de Fénélon, et de 24 jolies
figures.   4 f. p. 6 f.
— *Le même ouvrage*, 4 vol. in-18, ornés de titres
gravés et de 25 figures.   3 f. 50 c. p. 5 f.
— *Le même ouvrage*, 3 vol. in-18, édition Casin.
Londres, 1790.   2 f. p. 3 f.

AVENTURES DE TÉLÉMAQUE, par *Fénélon*, 2 v
in-8, édition augmentée d'un dictionnaire mytho-
logique et géographique, pour servir à l'intelligence de ces aventures, ornée du portrait de l'auteur, d'une carte géographique et de 24 figures en
taille-douce. *Maestricht*, 1793.   4 f. p. 8 f.

AVENTURES DE ROBINSON CRUSOÉ, par *Daniel
de Foë*, jolie édition, ornée de 10 jolies figures,
2 vignettes et titres gravés, 2 vol. in-12. *Paris*,
1821.   4 f. 50 c. p. 6 f.
— *Le même ouvrage*, 2 vol. in-12, ornés de 8 figures.
Lyon, 1821.   3 f. p. 5 f.
— *Le même ouvrage*, 4 vol. in-18, ornés de 8 jolies
figures. *Paris*, 1822.   2 f. 75 c. p. 4 f. 50 c.
— *Le même ouvrage*, 4 vol in-18. *Londres*, 1785.
2 f. 50 c. p. 4 f.

AVENTURES DE GUSMAN D'ALFARACHE, par *Le
Sage*, 4 vol. in-18, figures en taille-douce.
3 f. p. 4 f. 50 c.

AVENTURES et Espiégleries de Lazarille de Tormes,
écrites par lui-même, nouvelle édition, ornée de
12 jolies gravures, 2 vol. in-18. *Paris*, 1817.
2 f. p. 3 f.

AVENTURES DE SAPHO, (les) poète de Mitylène,
traduction de l'Italien. 1 vol. in-12. *Paris*. 1 f. 25 c.
p. 2 f.

AVENTURES DE TÉLÉMAQUE, par *Fénélon*. 2 v.
in-18. *Lyon*, 1820.   1 f. p. 1 f. 50 c.

BACHELIER DE SALAMANQUE (le), ou Mémoires
et Aventures de don Chérubin de la Ronda, par *Le
Sage*, jolie édition, ornée de 2 figures. 2 vol. in-12.
Paris, 1820.   4 f. p. 6 f.

BAISERS, (les) précédés du Mois de mai, poëme par
Dorat. 1 vol. grand in-8°, papier de Hollande, fig.,
vignettes et culs de lampes en taille-douce. *La
Haye*, 1770.   3 f. 50 c. p. 5 f.

BEAUTÉS de l'histoire du Canada, ou époques remarquables, traits intéressans, mœurs, usages,
coutumes des habitans du Canada, *Paris*, 1821,
1 fort vol. in-12, orné de 8 gravures. 2 f. 75 c. p. 4 f.

BEAUTÉS naturelles et historiques des Iles, des Mon-
tagnes, des Volcans, par *Caillot*, 1 vol. in-12, orné de 6 jolies gravures. *Paris*, 1822.   2 f. p. 3 f.

BEAUTÉS DE L'HISTOIRE DU PÉROU, ou Tableau
des Événemens qui se sont passés dans ce grand
empire, par *de Propiac*. 1 vol. in-12, orné de
4 gravures. *Paris*, 1824.   2 f. p. 3 f.

BEAUTÉS DE L'HISTOIRE DE JÉSUS-CHRIST, édition ornée de 30 fig. en taille-douce. 1 vol. in-12.
1 f. 75 c. p. 2 f. 50 c.

BEAUTÉS ET MERVEILLES du christianisme, offrant ce qu'il y a de plus intéressant dans la vie des
apôtres, des pères du désert, des martyrs, des souverains pontifes, depuis la naissance de Jésus-Christ
jusqu'à nos jours, par *Nougaret*, 2 vol. in-12, ornés de 12 gravures. *Paris*, 1820.   5 f. p. 6 f.

BEAUTÉS DE L'HISTOIRE SAINTE, ou choix des
traits les plus remarquables, contenus dans l'ancien et le Nouveau Testament, par *de Propiac*.
seconde édition, ornée de 16 fig. *Paris*, 1823 2 f.
p. 3 f.

BEAUX TRAITS du jeune âge, par M. *Fréville*,
nouvelle édition. *Paris*, 1818, 1 vol. in-12, avec
fig.   2 f. p. 3 f.

BÉLISAIRE, par *Marmontel*, 1 vol. in-18, figures.
Paris.   1 f. 20 c. p. 1 f. 80 c.

BÉLISAIRE, par madame de *Genlis*, 2 vol. in-12.
2 f. 50 c. p. 4 f.

BIBLIOTHÈQUE des enfans et des adolescens, contenant des historiettes morales, instructives et amusantes, 4 vol. in-18, ornés de 16 figures. *Paris*,
1821.   5 f. p. 7 f. 50 c.

BIBLIOTHÈQUE D'UN LITTÉRATEUR ET D'UN
PHILOSOPHE CHRÉTIEN, ou recueil propre à
diriger dans le choix des lectures. 1 vol. in-8°
oblong. *Besançon*, 1820.   2 f. p. 3 f.

BIBLIOTHÈQUE (petite) de Romans extraits des œuvres de l'abbé Prévost, Darnaud, Nougaret et autres,
3 vol. in-12.   3 f. 50 c. p. 6 f.

BONS PETITS ENFANS (les), contes et dialogues à la portée du jeune âge, par madame de *Renneville*. *Paris*, 2 vol. in-18, avec 8 fig.   2 f. p. 3 f.

BUFFON DES ENFANS (petit), ou Extrait d'histoire naturelle sur les quadrupèdes, poissons, oiseaux, etc., 1 vol. in-18, figures. 1 f. p. 1 f. 50 c.

CARACTÈRES DE L'ENFANCE, 4 vol. in-18, ornés de 64 jolies figures. *Paris*, 1821.   4 f. p. 6 f.

CARACTÈRES (les) de Théophraste et de La Bruyère. 2 vol. in-12.   3 f. 50 c. p. 5 f.

CASTI, novelle galanti. 4 vol. in-12, papier fin, orné d'un portrait. *Paris*.   10 f. p. 15 f.

CÉCILE, fille d'Achmet III, empereur des Turcs, née en 1710, 2 vol. in-18, avec 2 figures. *Paris*, 1788.   1 f. p. 1 f. 50 c.

CENDRILLON (la petite), ou Histoire d'une jeune orpheline, 1 vol. in-18, orné de 6 figures. *Paris*, 1820.   1 f. p. 1 f. 50 c

CHARBONNIER (le petit) de la Forêt Noire, par mad. *de Renneville*, 1 vol. in-18, orné de 4 figures. *Paris*, 1819.   1 f. p. 1 f. 50 c.

CHARLES ET EUGÉNIE, ou la Bénédiction Paternelle, par Mme *de Renneville*, 2 vol. in-18, ornés de 8 jolies gravures. *Paris*, 1822.   2 f. p. 3 f.

CHEFS - D'OEUVRE DRAMATIQUES de *Voltaire*, 4 vol. in-18. *Paris*, 1821.   4 f. p. 6 f.

CHEFS-D'OEUVRE D'ÉLOQUENCE, tirés des OEuvres de Bossuet, Fléchier, Fontenelle et Thomas; suivis des Chefs-d'OEuvre de poésie française, tirés de Racine, Molière, Boileau et Voltaire; adoptés par le gouvernement pour la classe de belles-lettres, dans les lycées et les écoles secondaires. 1 vol. in-12 de 646 pages. *Paris*, 1821. 2 f. 50 c. p. 3 f. 75 c.

CHEFS-D'OEUVRE D'ÉLOQUENCE POÉTIQUE, à l'usage des jeunes orateurs, ou Discours français, tirés des auteurs tragiques les plus célèbres, suivis d'une table raisonnée et des tragédies de Polyeucte, d'Esther et d'Athalie, nouvelle édition. 1 très-gros vol. in-12, 1821.   2 f. p. 3 f.

CHEFS-D'OEUVRE de *Boursault*, 1 vol. in-12. 1783.   1 f. p. 1 f. 75 c.

CHEVALERIE FRANÇAISE (la), par mad. *Amable Testu*, 1 vol. in-18, orné de 4 jolies gravures et d'un titre gravé. *Paris*, 1821.   2 f. p. 3 f.

CHOIX DE LECTURE pour les enfans, ou Recueil de contes, d'anecdotes et de traits de vertu, par *Berquin*, 2 vol. in-18, ornés de 4 figures et titres gravés. *Paris*, 1822.   2 f. p. 3 f.

— *Le même ouvrage*, 2 v. in-12. 2 f. 50 c. p. 4 f.

CINQ CODES (les) du royaume, précédés de la Charte constitutionnelle, édition entièrement conforme à celle de l'imprimerie royale. *Paris*, 1821, 1 fort vol. in-18.   2 f. p. 3 f.

— *Le même ouvrage*, bonne édition, 1 vol. in-32, grand papier. 1821.   1 f. 50 c. p. 2 f. 25 c.

COIN DU FEU (le) de la bonne Maman, 2e édition, 1812, 2 vol. in-18, avec 12 fig. *Paris*.   2 f. p. 3 f.

COMMENTAIRES DE CÉSAR, édition revue et corrigée par *Wailly*, 2 vol. in-12. *Lyon*. 4 f. 50 c. p. 6 f.

COMPTES FAITS, par *Baréme*, en livres, sols et deniers, avec le Tarif des écus, des louis et celui des glaces. 1 v. in-24. *Lyon*, 1820:   60 c. p. 1 f.

COMPTES FAITS DE BARÈME en francs et en cent., suivis, 1° du Rapport de la livre tournois au franc; 2° du Tarif des écus et des louis; 3° du Calcul de l'intérêt de l'argent à demi pour cent par mois, pour tous les jours et mois de l'année; 4° de la Conversion de la livre en kilogramme, etc. 1 vol. in-24. *Paris*, 1822.   60 c. p. 1 f. 25 c.

COMTE DE VALMONT (le), ou les Égaremens de la raison, 14e édition, ornée de 6 jolies gravures. *Paris*, 1821, 6 vol. in-12.   15 f. p. 21 f.

CONFESSIONS DE J.-J. ROUSSEAU (les), 2 vol. in-18, belle édition, ornée de jolies gravures. *Paris*, 1819.   6 f. p. 9 f.

CONFESSIONS (les), de J.-J. Rousseau. 3 vol. in-12. *Paris*, 1822.   5 f. p. 7 f. 50 c.

CONJURATION des Espagnols, par *Saint-Réal*, 1 vol. in-18, fig. *Paris*.   75 c. p. 1 f. 25 c.

CONNAISSANCES de la Mythologie, nouvelle édition augmentée de traits d'histoire, par demandes et par réponses, 1 volume in-12, 1817.   1 f. 60 c. p. 2 f. 50 c.

CONSTITUTIONS FRANÇAISES, depuis l'origine de la révolution jusques et compris la charte constitutionnelle et les lois organiques, par *Léon Thiessé*. 2 vol. in-18, avec le portrait du Roi. *Paris*, 1821.   2 f. 50 c. p. 4 f.

CONTES DES FÉES, par *Perrault*, nouvelle édition en gros caractères, 1 v. in-18 oblong, cartonné, orné de 12 jolies fig. *Paris*, 1818.   2 f. p. 3 f.

CONTES DES FÉES, par *Perrault*, 1 vol. in-18, orné de 12 jolies figures.   1 f. 20 c. p. 1 f. 80 c.

— *Le même ouvrage*, jolie édition, 2 vol. in-18, ornés de 14 figures et titres gravés. *Paris*, 1810.   2 f. 25 c. p. 3 f. 50 c.

CONTES DES FÉES (nouveaux), par *Ducray-Dumesnil*, 4 vol. in-18, fig. *Paris*, 1819. 4 f. p. 6 f.

CONTES, ANECDOTES, CHANSONS et POÉSIES diverses de *Capelle*, fondateur-sociétaire du Caveau moderne. 1 v. in-12, orné de 14 fig. et de musique. *Paris*, 1818.   2 f. p. 3 f.

CONTES amusans et instructifs, par *Bazot*, 1 vol. in-18, figures. *Paris*, 1823.   75 c. p. 1 f. 25 c.

CONTES D'UNE MARRAINE, ou Historiettes instructives, amusantes et morales, à la portée de l'enfance et de la jeunesse, traduits de l'anglais par M. *Bertin*. *Paris*, 1815, 2 vol. in-18, avec 8 fig.   2 f. p. 3 f.

CONTES ET CONSEILS (petits) à mes jeunes enfans, convenables à la première enfance, 1 vol. in-12, orné de 24 fig. *Paris*, 1819. 1 f. 75 c. p 2 f. 50 c.

CONTES et CONSEILS (nouveaux) à mes enfans, à l'usage de l'adolescence. 1 vol. in-12 orné de 12 gravures. *Paris*, 1821.   1 f. 75 c. p. 2 f. 50 c.

CONTES et HISTORIETTES, tirés de l'Ami des enfans, par *Berquin*, nouvelle édition, ornée de fig. et titres gravés. 1 v. in-18. *Paris*, 1822.   1 f. 25 c. p. 2 f.

CONTES ET NOUVELLES de Marguerite de Valois, reine de Navarre, édition ornée de 75 jolies gravures, 8 vol. in-18. 9 f. p. 16 f.

CONTES DE LA FONTAINE, nouvelle édition corrigée avec soin sur celle de 1669, ornée d'une gravure en taille-douce à la tête de chaque conte, 2 vol. in-12, Paris, 1808. 4 f. p. 6 f.

CONTES ET HISTORIETTES en prose, par *Félix Nogaret*, 6 v. in-18. *Versailles*, 1795. 4 f. p. 6 f.

CONTES ET NOUVELLES en vers, par *La Fontaine*, 2 vol. in-8°, avec vignettes, 1777. 8 f. p. 12 f.

CONTES MORAUX anciens et nouveaux, par *Marmontel*, 7 v. in-12, *Paris*. 10 f. 50 c. p. 17 f. 50 c.

CONTRAT SOCIAL, ou Principes du droit politique, par *J.-J. Rousseau*, 1 vol. in-12, orné d'un joli portrait. 1 f. 50 c. p. 2 f. 50 c.

CONVERSATIONS d'une petite fille avec sa poupée, par Mme *de Renneville*. *Paris*, 1 vol. in-18, avec 11 fig. 1 f. p. 1 f. 50 c.

CORRESPONDANCE de Prosper et de Juliette, par l'auteur des Étrennes d'une Mère à ses Enfans. *Paris*, 1815, 2 vol. in-18, avec 8 fig. 2 f. p. 3 f.

CORRESPONDANCE inédite et secrète du docteur B. Franklin, ministre plénipotentiaire des États-Unis d'Amérique près la cour de France, contenant les Mémoires de sa vie privée, les causes premières de la révolution d'Amérique et l'Histoire des diverses négociations entre l'Angleterre, la France et les États-Unis, 2 vol. in-8, ornés du portrait de Franklin. *Paris*, 1822. 9 f. p. 12 f.

CORRESPONDANCE rurale, contenant des observations intéressantes et utiles sur la culture des terres et des jardins ; les travaux, occupations, économies et amusemens de la campagne, etc., par M. *de La Bretonnerie*, 3 vol. in-12. *Paris*. 4 f. p. 6 f.

COURS DE MATHÉMATIQUES à l'usage de la marine et de l'artillerie, par *Bézout*, 4e édition revue avec soin et suivie d'un commentaire, par *Peyrard*, 4 v. in-8, contenant l'arithmétique, l'algèbre, la géométrie et la mécanique, avec planches. 24 f. p. 28 f.

COURS DE BELLES-LETTRES, par M. *Dubois Fontanelle*. *Paris*, 1814, 4 vol. in-8, imprimés par M. *Didot* aîné. 12 f. p; 20 f.

COURS DE LATINITÉ INFÉRIEURE, ou Extraits latin-français, pour les classes de 6e, 5e et 4e, par l'abbé *Paul*, 1 vol. in-12, bonne édition. 2 f. p. 3 f.

COURS de Littérature en exemples, ou Morceaux choisis des meilleurs écrivains français, précédés d'instructions sur les différens genres de style, par M. *Fayolle*, 2 vol. in-12. *Paris*. 4 f. p. 6 f.

COURS D'ÉTUDES DE CONDILLAC, contenant : la Grammaire ; 2 vol. — la Logique, 1 vol. — l'Art de penser, 2 vol. — l'Art d'écrire, 2 vol. — l'Art de raisonner, 2 vol. — la Langue des calculs, 2 vol. — et l'Étude de l'histoire, par l'abbé *de Mably*, 1 vol. — en tout 10 vol. in-18, ornés de gravures et d'un joli portrait. *Paris*, 1821. 12 f. p. 15. f.

COURS DE MATHÉMATIQUES à l'usage de la Marine, par *Bézout*, contenant l'arithmétique, la géomé-

trie, la trigonométrie, l'algèbre, etc. 6 vol. in-8 avec 16 planches, *Paris*, an 6. 15 f. p. 24 f.

COURS DE PHILOSOPHIE, par *Garigue*, in-8°, *Paris*, 1821. 2 f. 50 c. p. 3 f.

COURS DE LITTÉRATURE (Nouveau supplément au) de La Harpe, par M. *Barbier*, ancien bibliothécaire du Roi. 1 vol. in-8. *Paris*, 1823. 4 f. p 5 f.

COURS d'Études à l'usage de la jeunesse, contenant les élémens de la grammaire, le style épistolaire, l'arithmétique, la géographie, la chronologie, l'histoire, le dessin, l'architecture, la rhétorique, la poésie, l'histoire naturelle, la physique, la mythologie, etc., nouvelle édition ornée d'une carte géographique, et de cinq planches qui renferment plus de 150 figures gravées avec beaucoup de soin, 1 fort volume in-12. *Paris*, 1818. 3 f. 25 c. p. 5 f.

COURS élémentaire et pratique de la tenue des livres en partie double, suivi d'une méthode simple et sûre, pour trouver un bilan juste, sans avoir besoin de pointer du journal au grand livre, par *Joseph Gérard*, teneur de livres, 2 vol. in-4, 1816. 10 f. p. 15 f.

COURS PRATIQUE d'Accouchemens, par *Moulin*, docteur en méd., 1 v. in-4. *Paris*, 1821. 3 f. p. 5 f.

COUTUMES GAULOISES, ou Origines curieuses et peu connues de la plupart de nos usages, par madame *de Renneville*, 1 vol. in-12, orné de figures. *Paris*, 1819. 2 f. p. 3 f.

CUISINIÈRE BOURGEOISE (la), 1 vol. in-12. 1 f. p. 1 f. 50 c.

CURIOSITÉS naturelles, historiques et morales de l'empire de la Chine, ou Choix des Traits les plus intéressans de l'histoire de ce pays, à l'usage de la jeunesse. *Paris*, 1818, 2 vol. in-12, ornés de 12 gravures. 4 f. p. 6 f.

DAMIS ou l'Éducation du cœur; ouvrage utile aux jeunes gens des deux sexes, qui sont à la veille d'entrer dans le monde, par *Hugues Millot*, seconde édition, ornée de figures, 1 vol. in-12, *Paris*, 1823. 2 f. 10 c. p. 3 f.

DÉLICES DE L'ADOLESCENCE ou nouveau Magasin historique pour l'esprit et le cœur, 1 vol. in-12, figure, *Paris*, 1811. 1 f. 60 c. p. 2 f. 50 c.

DÉLITS ET DES PEINES (des), par *Beccaria*, traduction nouvelle, avec les Commentaires de *Voltaire*, les Notes de *Diderot*, *Morellet*, *Mirabeau*, et autres. 1 v. in-8. *Paris*, 1822. 4 f. p. 6 f.

DELPHINE, par mad. de *Staël-Holstein*, 6 vol. in-18, ornés de 6 jolies fig. *Paris*. 6 f. p. 9 f.

DÉMONSTRATIONS élémentaires de botanique, contenant les principes généraux de cette science, les élémens de la physique des végétaux, etc., 4e édition à laquelle on a joint la figure de 400 plantes diverses, 4 vol. in-8. *Lyon*, 1799. 7 f. 50 c. p. 12 f.

DESCRIPTION des Mœurs, Usages et Coutumes de tous les peuples du monde, 1 volume in-12 orné de 13 gravures coloriées. *Paris*, 1821. 2 f. 50 c. p. 3 f. 50 c.

DIABLE BOITEUX (le), augmenté des Béquilles du Diable Boiteux, par *Le Sage*, 2 vol. in-12, papier fin, ornés de 8 jolies gravures. *Paris*, 1820. 4 f. p. 6 f.

DIABLE BOITEUX (le), par *Le Sage*, avec les Entretiens sérieux et comiques des cheminées de *Madrid*, et les Béquilles du Diable, 2 vol. in-12, avec 13 figures. *Paris*, 1773. 2 f. p. 3 f.

DICTIONNAIRE PHILOSOPHIQUE, par *Voltaire*, jolie édition, 8 forts volumes in-12. *Paris*, 1821. 14 f. p. 18 f.

DICTIONNAIRE ANGLAIS-FRANÇAIS ET FRANÇAIS-ANGLAIS, abrégé de Boyer, augmenté, 1° d'un très-grand nombre de mots qui ne se trouvent point dans les anciennes éditions; 2° des termes et phrases de marine; 3° de l'indication de la formation du féminin des adjectif français; par *N. Salmon*, vingt-sixième édition, revue et augmentée de 5,000 mots par *L.-F. Fain*, professeur de langue anglaise, 2 forts vol. in-8° de près 800 pages, *Paris*, 1821. 12 f. p. 18 f.

DICTIONNAIRE DES COMMENÇANS, français et latin, dans lequel on a éclairci ce qu'il y a de plus difficile pour les enfans, 1 v. in-8. *Paris*, 1822. 2 f. 75 c. p. 4 f.

DICTIONNAIRE PORTATIF DES RIMES DE RICHELET, 1 vol. in-12, *Lyon*, 1814. 2 f. 25 c. p. 3 f. 50 c.

DICTIONNAIRE UNIVERSEL, latin français, de Boudot, nouvelle édit. très-correcte. 1 vol. in-8. *Paris*, 1818. 5 f. p. 7 f.

DICTIONNAIRE DU DROIT CANONIQUE, par *Durand de Maillane*, avocat au parlement d'Aix, 6 vol. in-8. *Lyon*, 1787. 18 f. p. 27 f.

DICTIONNAIRE des termes techniques de botanique, à l'usage des élèves et des amateurs, par *Fontenelle*, 1 vol. in-8. *Lyon*, 1803. 2 f. 75 c. p. 4 f.

DICTIONNAIRE (nouveau) de poche, français-allemand, allemand-français, enrichi des mots nouveaux généralement reçus dans les deux langues, des tables des verbes irréguliers, des nouvelles mesures et des poids et monnaies de *France*, 6° édition, 2 vol. in-12. *Strasbourg*, 1820. 6 f. p. 9 f.

DICTIONNAIRE allemand-français, à l'usage des deux nations, 7° édition. *Paris*, *Kœnig*, 1810, 2 vol. in-4°. 18 f. p. 25 f.

DICTIONNAIRE d'orthographe, par *Restaut*, édition augmentée et prosodiée d'après les principes de d'Olivet, par *Roger*, 2 forts volumes in-8 de 1544 pag. 7 f. p. 12 f.

DICTIONNAIRE généalogique, historique et critique de l'Écriture sainte, où sont réfutées plusieurs fausses assertions de *Voltaire*, et autres philosophes du dix-huitième siècle, par M. l'abbé *Sicard*, directeur de l'institution des sourds et muets, 1 vol. in-8. *Paris*, 1804. 4 f. p. 6 f.

DICTIONNAIRE universel des Synonymes de la langue française, contenant les Synonymes de *Girard*, *Beauzée*, *Roubaud*, *d'Alembert*, *Diderot* et autres écrivains célèbres, 2 forts vol. in-12. *Paris*, 1822. 3 f. 75 c. p. 6 f.

DICTIONNAIRE d'Anecdotes, de Traits singuliers, bons Mots, Naïvetés, Saillies, etc., nouv. édit., 2 vol. in-22. 3 f. p. 5 f.

DICTIONNAIRE de la Fable, par Chompré, 1 gros vol. in-18. *Paris*. 1 f. 25 c. p. 2 f.

DICTIONNAIRE (petit) historique d'éducation, ou Recueil alphabétique des traits de l'histoire ancienne et de l'histoire moderne, les plus propres à former le cœur et l'esprit de la jeunesse, suivi d'une table raisonnée des noms des personnages illustres cités dans l'ouvrage, 1 vol. in-12 de près de 700 pag, orné d'une jolie fig. 3 f. 25 c. p. 5 f.

DICTIONNAIRE historique d'éducation, par *Fillassier*, belle édition, 3 volumes in-8. *Paris*, 1818. 13 f. p. 18 f.

DICTIONNAIRE de la langue française, par *Richelet*, corrigé et augmenté par *Wailly*, dans lequel on a placé le mot latin à côté du mot français, et où la prononciation est indiquée, etc., dernière édition, 2 vol. in-8. *Lyon*, 1811. 7 f. p. 12 f.

DICTIONNAIRE espagnol-français et français-espagnol, par *Gattel*, 2 gros vol. in-4. 18 f. p. 30 f.

DICTIONNAIRE italien-français et français-italien, par *Alberti*, 2 vol. in-4. 21 f. p. 30 f.

DICTIONNAIRE italien-français et français-italien, avec la prononciation, par *Cormon* et *Manny*, 4° édition, revue par *Chapellon*. *Paris*, 1823, 2 très-forts vol. in-8. 12 f. p. 18 f.

DICTIONNAIRE bibliographique, historique et critique des livres rares, précieux, singuliers, curieux, estimés, etc., par *Cailleau*, 4 vol. in-8, *Paris*, 1802. 12 f. p. 18 f.

DICTIONNAIRE historique et bibliographique des personnages illustres, célèbres ou fameux de tous les siècles et de tous les pays du monde, avec les dieux et les héros de la Mythologie, par *G. Peignot*, 4 volumes in-8, à deux colonnes. *Paris*, 1821. 20 f. p. 30 f.

— *Le même ouvrage*, orné de 1200 portraits, 4 vol. in-8. 23 f. p. 35 f.

DISCOURS et Morceaux choisis de *Daguesseau*, à l'usage de MM. les rhétoriciens et étudians en droit, 1 vol. in-12. *Paris*, 1 f. 75 c. p. 2 f. 50 c.

DISSERTATION sur 60 traductions françaises de l'Imitation de Jésus-Christ, et sur 24 éditions de l'Éternelle Consolation, contenant des anecdotes et jugemens sur ces traductions ou éditions, avec des notices sur quelques traducteurs ou éditeurs, etc., par M. *Barbier*, bibliothécaire du conseil d'état. *Paris*, 1812, 1 vol. in-12, beau papier. 1 f. 75 p. 3 f.

DON QUIXOTE DE LA MANCHA, neuva édicion, conforme en toda à la de la Real Academia espagnola, de Madrid, 1782; y notas criticas escritas; por el Señor Pellicer, 7 vol. in-18, figures. *Paris*. (Bossange) 1814. 24 f. p. 36 f.

DON QUICHOTE DE LA MANCHE, traduit de l'espagnol, par *Florian*, 6 vol. in-18, *Paris*. 4 f. 50 c. p. 7 f. 50 c.

DROIT DES GENS (le), ou Principe de la loi naturelle appliquée à la conduite et aux affaires des
nations et des souverains, par M. *De-Vatel*, nouvelle édition. 2 vol. in-8. *Paris*, 1820. 8 f. p. 12 f.

ÉCOLE DU JARDIN POTAGER, contenant la description de toutes les plantes, leur culture, les situations
et les climats qui leur sont propres, leur propriété, 6ᵉ édition, suivie du Traité de la Culture
des pêchers, par *Decombre*. 3 vol. in-12. *Paris*.
6 f. p. 9 f.

ÉCOLE DU CAVALIER tant à pied qu'à cheval, 1 vol.
in-18, orné de 17 figures. 90 c. p. 1 f. 50 c.

ÉCOLE DES JEUNES DEMOISELLES, ou Lettres
d'une mère vertueuse à sa fille, avec les réponses de
la fille à sa mère, par l'abbé *Reyre*, 2 vol. in-12,
figures. 1822. 3 f. 50 c. p. 5 f.

ÉCOLE (l') du Chasseur, suivie d'un traité analyti-
que sur les fusils de chasse, et d'un Traité sur la
pêche et l'oiselerie, 1 fort vol. in-12, orné de 10
planches. *Paris*, 1822. 3 f. p. 4 f. 50 c.

ÉCOLIER VERTUEUX (le nouvel), ou Vie d'un jeune
Écolier, par M. *Lemaire. Paris*, 1 vol. in-18,
orné d'une jolie figure, 1 f. p. 1 f. 50 c.

ÉDUCATION DES FILLES, par *Fénélon*, 1 vol. in-18,
avec portrait, jolie édit. 1 f. p. 1 f. 50 c.

ÉDUCATION COMPLÈTE, ou Abrégé de l'histoire
universelle, par madame *Le Prince de Beaumont*,
4 vol. in-12. *Paris*. 4 f. p. 6 f.

ÉDUCATION PAR L'HISTOIRE, ou École des jeunes
gens, contenant des modèles de toutes les vertus,
extraits de Rollin, Bossuet, Fénélon et autres auteurs célèbres, 1 vol. in-12, orné de 4 gravures.
Paris, 1821. 2 f. p. 3 f.

ÉGAREMENS DE JULIE (les), 2 vol. in-18, figure,
Londres, 1795. 1 f. 25 c. p. 2. f.

ÉLÉGIES DE TIBULLE avec des notes de mythologie, d'histoire et de philosophie, suivies des
Baisers de Jean Second, traduction nouvelle adressée
du donjon de Vincennes par *Mirabeau* à Sophie
Ruffey, 2 vol. in-12, sans les figures. 2 f. p. 3 f.

ÉLÉMENS de l'histoire poétique par *A. L. D.*, édition
ornée de 56 gravures. 2 vol. in-12. *Paris*, 1813.
4 f. p. 6 f.

ÉLÉMENS de l'histoire générale, ancienne et moderne, par l'abbé *Millot*, de l'académie française,
continués jusqu'en 1816 par M. *Milon*, professeur
de la Faculté des lettres de l'académie de Paris,
10 gros vol. in-12, belle édition. 20 f. p. 30 f.

ÉLÉMENS de l'Histoire d'Angleterre, par l'abbé *Millot*, 7ᵉ édition. *Paris*, 1815, 4 v. in-12. 8 f. p. 12 f.

ÉLÉMENS de la langue anglaise, ou Méthode pratique pour apprendre facilement cette langue, par
Siret, nouvelle édition, et la plus complète, revue
et corrigée par *Poppleton*, 1 volume in-12. *Paris*,
1820. 1 f. 25 c. p. 2 f.

ÉLÉMENS de Littérature, extraits des cours de belles-
lettres par l'abbé *le Batteux*, nouvelle édition, 2 v.
in-12. 2 f. 50 c. p. 4 f.

ÉLÉMENS de littérature, par *Marmontel*, nouvelle
édition augmentée des essais sur le goût et sur les
romans, et de considérations sur la littérature ro-
mantique, 8 vol. in-18. *Paris*, 1822. 14 f. p. 20 f.

ÉLÉMENS de Mythologie, avec l'analyse des poëmes
d'Homère et de Virgile par *Basseville*. 1 v. in-12,
avec 42 fig. *Lyon*, 1817. 1 f. 75 c. p. 2 f. 50 c.

ÉMILE, ou de l'Éducation, par *J.-J. Rousseau*, 4 v.
in-12, ornés de 5 jolies gravures (édit. de Hollande),
1773. 5 f. 50 c. p. 10 f.

ÉMILE ou l'Éducation par *J.-J. Rousseau*, 3 vol.
in-18, fig., *Paris*, 1819. 7 f. p. 10 f.

EMMA ou l'Enfant du malheur, 2 vol. in-18, *Paris*,
an 6. 1 f. 25 c. p. 2 f. 50 c.

EMMELINE ou l'Orpheline du Château, 5 vol. in-18,
Paris, an 2. 4 f. p. 7 f. 50 c.

ENCYCLOPÉDIE des dieux et des héros, par *Libois*,
2 vol. in-8. *Paris*, 1773. 5 f. p. 8 f.

ENCYCLOPÉDIE des enfans, ou Abrégé des Sciences,
nouvelle édition ornée de 10 figures et d'une mappemonde. *Paris*, 1821, 1 vol. in-8. 6 f. p. 9 f.

ENFANCE DES GRANDS HOMMES, dédiée à l'adolescence, 1 vol. in-18 orné d'un titre gravé et de 6
figures. *Paris*. 1 f. 10 c. p. 1 f. 75 c.

ENFER (l') des peuples anciens, ou Histoire des dieux
infernaux, de leur culte, leur temps, leur nom et
leurs attributs, par *Delandine*, 3 parties en 1 vol,
in-12, *Paris*, 1784. 2 f. 50 c. p. 3 f. 75 c.

ENTRETIENS, Drames et Contes moraux à l'usage
des enfans, par madame *Lafitte*, 4 vol. in-18, ornés
de 20 fig. *Paris*. 4 f. 50 c. p. 7 f. 50 c.

ENTRETIENS DE CICÉRON sur la nature des dieux,
traduits par l'abbé d'Olivet, 2 vol. in-12. *Nîmes*,
1810. 2 f. 50 c. p. 4 f.

ENTRETIENS SUR LE SUICIDE, ou Courage philosophique, opposé au courage religieux, par *Guil-
lon*, 1 fort vol. in-18, *Paris*, 1802. 1 f. 25 c. p. 2 f.

ENTRETIENS D'ANGÉLIQUE, pour exciter les jeunes
personnes du sexe à l'amour et à la pratique de la
vertu, par une jeune demoiselle, 1 vol. in-12,
Paris, 1823. 2 f. 25 c, p. 3 f.

ENTRETIENS de Mᵐᵉ de Gerville avec ses enfans,
1 vol. in-18 avec 10 figures, *Paris*, 1812. 1 f.
p. 1 f. 50 c.

ESPRIT DE L'ENCYCLOPÉDIE, ou Recueil des articles les plus curieux et les plus intéressans de l'Encyclopédie, en ce qui concerne l'Histoire, la Morale,
la Littérature et la Philosophie, réunis et mis en
ordre, par M. *Hennequin*, 15 vol. in-8, imprimés
sur papier fin. *Paris*, 1822. 62 f. p. 75 f.

ESPRIT DU CODE DE COMMERCE, ou Commen-
taire puisé dans les procès-verbaux du conseil d'état,
les Exposés des motifs et discours, les Observations
des cours d'appel, tribunaux et chambres de commerce, etc., par M. le baron *Locré*, 10 vol. in-8.
Paris. 45 f. p. 62 f.

ESPRIT (de l'), par *Helvétius*, nouvelle et jolie édition, 2 forts vol. in-18, *Paris*, 1822. 5 f. p. 6 f.

ESPRIT (de l') par *Helvétius*, 2 forts vol. in-12, *Amsterdam*, 1776. 3 f. 50 c, p. 5 f.

HISTOIRES CHOISIES des auteurs profanes, latin et français. 2 vol. in-12, 1822.   3 f. 5o c. p. 5 f.

HISTOIRE DE L'EMPIRE DE RUSSIE sous Pierre-le-Grand, par *Voltaire*. 2 vol. in-18, grand raisin.   4 f. p. 6 f.

HISTOIRE du Théâtre-Français; par MM. *Etienne* et *Martainville*. 4 vol. in-12, ornés de 4 figures. *Paris*, 1802.   6 f. p. 10 f.

HISTOIRE DES DOUZE CÉSARS. Trad. du latin de Suétone; avec des notes et des réflexions, par *J. F. de La Harpe*. Cinquième édition, revue, augmentée et ornée des portraits des douze Césars. 3 vol. in-18. *Paris*, 1823.   4 f. p. 6 f. 5o c.

HISTOIRE DE Mme HALLER, ou les Souffrances maternelles. 4 volumes in-18, avec 4 figures. *Paris*.   3 f. 5o c. p. 6 f.

HISTOIRE DE LA RÉVOLUTION FRANÇAISE, par *Necker*, depuis l'assemblée des notables jusqu'au 18 octobre 1795. 4 vol. in-18, portrait. *Paris*, 1821.   5 f. p. 8 f.

HISTOIRES ÉDIFIANTES et Anecdotes intéressantes propres à instruire la jeunesse; par l'abbé *Baudrand*. 1 fort vol. in-12, orné de 6 gravures. *Paris*, 1823.   2 f. 10 c. p. 3 f.

HISTOIRE DU CHEVALIER BAYARD, par *Guyard de Berville*. 1 vol. in-8°, orné d'un portrait. *Lyon*, 1816.   3 f. 25 c. p. 5 f.

HISTOIRE PHILOSOPHIQUE ET POLITIQUE des établissemens et du commerce des Européens dans les Deux Indes, par l'abbé *Raynal*. 8 vol. in-12. *Avignon*, 1786, bonne édition.   16 f. p. 24 f.

HISTOIRE DE LA RÉVOLUTION DE FRANCE, par *Bertrand de Molleville*; troisième partie comprenant les années 1793 à 1799, jusqu'à l'avénement du gouvernement consulaire. 4 vol. grand in-8°, vélin, cartonné. *Paris*, 1803.   14 f. p. 28 f.

HISTOIRE DES RELIGIONS, DES MOEURS ET COUTUMES RELIGIEUSES DE TOUS LES PEUPLES DU MONDE, de l'idolâtrie, du fanatisme, etc., d'un grand nombre de nations, avec le texte littéral de l'édition de Hollande, ornée de 638 gravures, d'après les dessins de *Bernard Picart*; augmentée de 36 gravures, avec un supplément de l'Histoire des religions des peuples découverts jusqu'à ce jour, etc.; des événemens survenus dans le clergé et l'église catholique en France, depuis 1789, la fête de l'Être suprême, d'après le plan de *Robespierre*; de la fête de la Raison en 1793, du culte des Théophilantropes, etc.; deuxième édition. 6 vol. in-4°. *Paris*, 1819.   100 f. p. 180 f.

HISTOIRE ABRÉGÉE des hommes illustres de l'ancienne Rome, depuis Romulus jusqu'à Auguste, avec le texte en regard. 1 vol. in-12. *Paris*, 1808.   1 f. 75 c. p. 2 f. 5o c.

HISTOIRE DE HENRI IV, par *Péréfixe*, 1 volume in-12.   1 f. 5o c. p. 2 f. 5o c.

— *Le même ouvrage*, orné de figures, 1 vol. in-12. *Paris*, 1822.   2 f. p. 3 f.

HISTOIRE de Théodose-le-Grand, par *Fléchier*, 1 vol. in-12.   1 f. 5o c. p. 2 f. 5o c.

HISTOIRE DE L'ANARCHIE DE POLOGNE et du Démembrement de cette république, suivie des Anecdotes sur la révolution de Russie en 1762, par *Cl.-C. de Rulhières*, 4 v. in-8. *Paris*, 1819. 17 f. p. 24 f.

HISTOIRE ABRÉGÉE DE LA GRÈCE, avec une introduction et des notes historiques, géographiques et mythologiques extraites du voyage du jeune Anacharsis, à l'usage des maisons d'éducation des deux sexes, par *Bouvet de Cressé*, 1 vol. in-18. *Paris*, 1821.   1 f. p. 1 f. 5o c.

HISTOIRE de la magie en France, depuis le commencement de la monarchie jusqu'à nos jours, par *J. Garinet*, 1 vol. in-8, orné d'une jolie gravure, *Paris*, 1818.   4 f. p. 5 f.

HISTOIRE D'ITALIE, depuis la chute de l'empire romain, jusqu'à nos jours, par *Fantin Desodoards*, 9 vol. in-8, dernière édition.   25 f. p. 4o f.

HISTOIRE DE L'EMPIRE DE RUSSIE, sous le règne de Catherine II, et la fin du 18e siècle, par le révérend M. *Tock*, membre de la société royale de Londres, et revue par M. Leclerc, 6 vol. in-8.   16 f. p. 27 f.

HISTOIRE DES RÉVOLUTIONS arrivées dans le gouvernement de la République romaine, par *Vertot*, 4 vol. in-18. *Paris*, 1819.   4 f. p. 7 f.

— *Le même ouvrage*, bonne édition, 2 vol. in-12.   3 f. 5o c. p. 5 f.

HISTOIRE DES RÉVOLUTIONS D'ANGLETERRE, par le *P. d'Orléans*, avec la continuation par *Turpin*, nouvelle et belle édition, 1810, 6 vol. in-12.   10 f. p. 15 f.

HISTOIRE de l'île de Saint-Domingue, par *Bryan Edwars*, 1 vol. in-12, orné d'une carte de Saint-Domingue, *Paris*, 1802.   1 f. 5o c. p. 2 f. 5o c.

HISTOIRE naturelle des Singes et des Makis, par *J.-B. Audebert*; 1 vol. grand in-folio, sur papier dit Jésus vélin, imprimé par M. *Crapelet*, avec 63 planches dessinées et gravées par l'auteur, imprimées par Finot.   72 f. p. 120 f.

HISTOIRE naturelle des Volcans, par *C. N. Ordinaire*, 1 vol. in-8, avec une grande carte.   4 f. p. 7 f.

HISTOIRE DU CIEL, où l'on recherche l'origine de l'idolâtrie et les méprises de la philosophie sur la formation des corps célestes et de toute la nature, 2 vol. in-12, avec 26 planches. *Paris*, 1771.   3 f. 5o c. p. 5 f.

HISTOIRE de l'Université de Paris, depuis son origine jusqu'en l'année 1600, par *Crévier*, 7 vol. in-12. *Paris*, 1761.   9 f. p. 14 f.

HISTOIRE DE TOM-JONES, par *Fiedling*, traduit par *Laplace*, 4 vol. in-12.   4 f. p. 6 f.

HISTOIRE DE CHARLES XII, roi de Suède, par *Voltaire*, 1 v. in-12, 1820.   1 f. 5o c. p. 2 f. 5o c.

HISTOIRE DES RÉVOLUTIONS DE PORTUGAL, par *Vertot*, 1 v. in-12. *Paris*, 1820. 1 f. 60 c. p. 2 f. 5o c.

HISTOIRE DES RÉVOLUTIONS DE SUÈDE, par *le même*. *Paris*, 1820, 1 v. in-12. 90 c. p. 1 f. 25 c.

— Les 2 ouvrages ci-dessus réunis. 2 f. 25 c. p. 3 f. 5o c.

HISTOIRE DE SALLUSTE, avec le texte latin et des notes critiques par *Beauzée*, nouvelle édition revue,

corrigée et augmentée d'une table géographique ;
1 v. in-12. 1 f. 75 c. p. 2 f. 50 c.

HISTOIRE philosophique et politique des établissemens et du commerce des Européens dans les deux Indes, par l'abbé *Raynal*, 22 v. in-18, avec portr. *Genève*, 1795. 15 f. p. 22 f.

HISTORIEN DU SECOND AGE (l'), ou Choix d'anecdotes morales, instructives et amusantes, propres à former le cœur et l'esprit des jeunes gens, 2 v. in-12 ornés de 48 fig. *Paris*, 1820. 4 f. p. 6 f.

HISTORIETTES ET CONVERSATIONS pour les enfans, par *Berquin*, jolie édition, 2 v. in-18, ornés de 28 fig. *Paris*, 1818. 2 f. p. 3 f.

HOMME DES CHAMPS (l'), par *Delille*, 1 vol. in-8, figure. 2 f. 50 c. p. 4 f.
— *Le même ouvrage*, 1 volume in-8, grand papier. 3 f. 50 c. p. 5 f.

ILE DES FÉES (l'), ou la bonne Perruche, contes moraux à l'usage de la jeunesse, par mademoiselle *Vanhove*, 2 v. in-18 ornés de 8 jolies fig. *Paris*, 1822. 2 f. p. 3 f.

ILE INCONNUE (l'), ou Mémoires du chevalier des Gastines, publiés par M. *Grivelle*, 4ᵉ édition, ornée de 11 figures. *Paris*, 2 volumes in-12. 3 f. 50 c. p. 6 f.

IMAGINATION (l'), poëme par *Delille*, 2 vol. in-18, grand-raisin. 5 f. p. 7 f.

INCAS (les), ou la Destruction de l'empire du Pérou, par *Marmontel*, 3 volumes in-18. *Paris*, 1822. 2 f. 25 c. p. 3 f. 75 c.
— *Le même ouvrage*, orné de jolies figures en taille-douce, 3 vol. in-18. *Lyon*, 1822. 4 f. p. 6 f.

INFLUENCE (de l') des Femmes sur la littérature française, comme protectrices des lettres ou comme auteurs, par Mᵐᵉ de *Genlis*, 2 volumes in-12. 3 f. 50 c. p. 5 f.

INSTRUCTIONS pour les personnes qui gardent les malades. 1 volume in-12. *Amsterdam*, 1777. 1 f. 25 c. p. 2 f.

INSTRUCTIONS sur l'histoire de France et l'histoire romaine, par *Le Ragois*, édition augmentée jusqu'en 1815. *Avignon*, 1818. 1 f. 50 c. p. 2 f. 50 c.

INSURRECTION (de l') Parisienne, et de la prise de la Bastille, par M. *Dusaulx*, 1 vol. in-18. *Paris*, 1821. 1 f. 25 c. p. 2 f.

IRMA ou les Malheurs d'une jeune Orpheline, histoire indienne, avec des romances, 4 vol. in-18. 3 f. p. 4 f. 50 c.

JARDINIER FLEURISTE ET POTAGER, ou Cours de jardinage à l'usage de la jeunesse. 1 vol. in-12, orné de 13 figures en taille-douce. *Paris*, 1822. 2 f. p. 3 f.

JARDINS (les), poëme, par *Delille*, 1 vol. in-18, jolie édition sur papier vélin. *Londres*, 1801. 1 f. 20 c. p. 1 f. 80 c.

JARDINS (les), poëme, par *Delille*, 1 vol. in-18 avec 4 figures. 2 f. 50 c. p. 3 f. 50 c.
— *Le même ouvrage*, 1 vol. in-8, grand papier avec une fig. 2 f. 50 c. p. 4 f.

— *Le même ouvrage*, 1 vol. in-8, papier commun, avec une figure. 1 f. 50 c. p. 2 f. 50 c.

JEANNE-D'ARC, poëme en vingt-quatre chants, par Mᵐᵉ *d'Abrantès*, édition augmentée d'une notice sur la vie de cette héroïne, de l'histoire de son procès, et de détails authentiques sur ses derniers momens, par *Antoine*. 2 vol. in-8°, portrait. *Paris*, 1823. 8 f. p. 12 f.

JÉRUSALEM DÉLIVRÉE, traduit de l'italien par le *Prince Le Brun*, belle édition, précédée d'une notice sur la vie du Tasse. *Paris*, Bossange. 1810, 2 v. in-8, papier vélin très-beau, ornés du portrait du Tasse et des fig. avant la lettre. 22 f. p. 36 f.
— *Le même ouvrage*, avec les eaux-fortes des fig. 30 f. p. 48 f.
— *Le même ouvrage*. *Paris*, *Bossange*, 2 vol. in-12, avec 20 portraits. 4 f. 50 c. p. 6 f.
— *Le même ouvrage*. *Paris*, *Bossange*, 2 v. in-18, belle édition. 2 f. 50 c. p. 4 f.

JÉRUSALEM DÉLIVRÉE (la), traduite en vers français, par *Baour-Lormian*, de l'Académie française, 3 vol. in-18 grand-raisin, ornés de 6 belles gravures et de 3 jolies vignettes sur les titres. *Paris*, 1822. 8 f. 50 c. p. 10 f.

JÉRUSALEM DÉLIVRÉE, traduite du Tasse, édition corrigée, augmentée de la vie du Tasse, d'un Précis historique sur son portrait, et de la comparaison de ce poëte avec l'Arioste, par *Métastase*, 2 vol. in-18, ornés de 2 fig. *Paris*, 1813. 2 f. p. 3 f.

JOHN MOORE, par M. le comte *César du Bouchet*, 2 vol. in-12. *Paris*, 1819. 2 f. 50 c. p. 4 f.

JEUX DE L'ENFANCE, avec des Dialogues et des Historiettes morales et amusantes, traduit de l'anglais, par *Bertin*, 2ᵉ édition, 2 vol. in-8, avec 14 fig. *Paris*, 1816. 2 f. 50 c. p. 4 f.

JOURNAL de ce qui s'est passé à la tour du Temple pendant la captivité de Louis XVI, par *Cléry*, 1 v. in-18, fig. 1 f. 25 c. p. 2 f.

JOURNAL de ce qui s'est passé à la tour du Temple pendant la captivité de Louis XVI, par *Cléry*. 1 vol. in-8°. *Paris*, 1814. 2 f. p. 3 f.

JUSTINIANI sacratissimi principis Institutionum, sive Elementorum juris libri quatuor, cum notis Arnoldi Vinnii. 2 vol. in-12. *Paris*, 1808. 4 f. p. 6 f.

LAVATER. Règles physiognomoniques, *La Haye*, 1803, grand in-4, fig. cart. 3 f. 50 c. p. 6 f.

LAVATER. Art de connaître les hommes par la physionomie. 10 v. in-8°. *Paris*, 1820. 120 f. p. 180 f.

LEÇONS DE LA SAGESSE (les), contes d'une mère à ses filles, par *Bertin*, 3ᵉ édition revue et augmentée, 1 vol. in-18, avec 4 jolies gravures, *Paris*, 1822. 1 f. p. 1 f. 50 c.

LEÇONS DE LA SAGESSE, sur les Défauts des Hommes, par *Debonnaire*, 3 vol. in-12. 1805. 5 f. p. 7 f. 50 c.

LEÇONS DE L'AMOUR MATERNEL, ou la Récompense du travail, contes, 1 vol. in-18, orné de 5 fig. *Paris*, 1821. 1 f. 25 c. p. 1 f. 75 c.

LEÇONS de Droit de la Nature et des Gens, par le professeur *de Félix*, 4 vol. in-12. 1817. 6 f. 5o c. p. 10 f.

LEÇONS (premières) D'HISTOIRE DE DIEUDONNÉ, ou Recueil des Traits de bonté et d'héroïsme des princes et princesse de la famille des Bourbons, depuis St.-Louis jusqu'à nos jours, avec le Testament de Louis XVI et de Marie-Antoinette, par *Hocquart*, 1 volume in-12, figures. *Paris*, 1821. 1 f. 25 c. p. 1 f. 75 c.

LEÇONS ÉLÉMENTAIRES (nouvelles) de l'Histoire ancienne, par *D. et R.*, à l'usage de la jeunesse des deux sexes, par *Caillot*. in-12 cart. 8o c. p. 1 f. 15 c.

LEÇONS ÉLÉMENTAIRES (nouvelles) de l'Histoire romaine, par *D. et R.*, à l'usage des deux sexes, par *Caillot*, in-12 cart. 8o c. p. 1 f. 15 c.

LEÇONS ÉLÉMENTAIRES (nouvelles) de l'Histoire de France, par *D. et R.*, à l'usage des deux sexes, par *Caillot*, in-12 cart. 8o c. p. 1 f. 15 c.

LECTEUR FRANÇAIS (le) ou Choix de morceaux en prose et en vers, propre à accélérer les progrès de ceux qui s'appliquent à l'étude de la langue française, par *Dufief*, 1 volume in-8°. *Paris*, 1817. 2 f. p. 3. f.

LETTERE DUNA PERUVIANA, trad. dal francese, *S. Deodati*, coll'accento di prosodia, 1 vol. in-18, 1822. 1 f. p. 1 f. 5o c.

LETTRES AMOUREUSES de Julie et d'Ovide, par madame *de Lezay*, suivies de l'Art d'Aimer d'Ovide, traduction nouvelle, avec des notes d'histoire, de géographie et de mythologie. 1 vol. in-18. *Paris*, 1822. 1 f. 20 c. p. 1 f. 8o c.

LETTRES A LAURE, sur l'Histoire et la morale, par *C. Taillard*, 1 vol. in-12, orné de 4 gravures. *Paris*, 1822. 2 f. 25 c. p. 3 f. 5o c.

LETTRES A ÉMILIE sur la Mythologie, par *Demoustier*, 2 volumes in-12, avec 2 figures. *Paris*, 1819. 3 f. p. 4 f. 5o c.

— *Le même ouvrage*, 6 vol. in-18, ornés de 6 figures. *Paris*, 1820. 3 f. p. 4 f. 5o c.

— *Le même ouvrage*, 2 vol. in-8, ornés de 6 belles gravures. *Paris*, 1820. 9 f. p. 12 f.

LETTRES de Ninon de Lenclos au marquis de Sévigné, édition augmentée de l'extrait de la vie de mademoiselle Ninon de Lenclos, 3 v. in-18. *Paris*, 1810. 2 f. 25 c. p. 3 f. 75 c.

— *Le même ouvrage*, 2 volume in 18, avec portraits. 1 f. 25 c. p. 2 f.

LETTRES de mademoiselle de Lespinasse, nouvelle édition augmentée de son éloge, sous le nom d'Élisa, et de deux opuscules de d'Alembert. 2 vol. in-12. *Paris*, 1815. 3 f. 5o c. p. 5 f.

LETTRES à Julie sur la guerre de Troyes, par *J. Baron*, 1 vol. in-18. *Paris*, 1822. 8o c. p. 1 f. 25 c.

LETTRES sur la Dépravation, augmentées d'un discours de J.-J. Rousseau sur cette question, 2 vol. in-12. *Londres*, 1769. 2 f. 5o c. p. 4. f.

LETTRES à une jolie femme sur le Cadastre, écrites de Paris par le maire d'une commune de ses environs, 1 volume in-18, grand-raisin. *Paris*, 1814. 1 f. p. 1 f. 5o c.

LETTRES de Pline le jeune, suivies du Panégyrique de Trajan, traduites par *de Sacy*, 3 gros vol. in-12. *Paris*, 1820. 6 f. 5o c. p. 9 f.

LETTRES inédites de Henri IV et de plusieurs personnages célèbres, tels que Fléchier, La Rochefoucault, Voltaire, etc. ; par *Serieys*, 1 vol., in-8°. *Paris*, 1802. 3 f. 5o c. p. 5 f.

LETTRES amoureuses du marquis de Luzigny et d'Hortense de Saint-Just, 2 vol. in-12, *Paris*, 1809. 2 f. p. 3 f.

LETTRES choisies de Christine, reine de Suède, 2 vol. in-12, 1769. 2 f. 75 c. p. 4 f.

LETTRES d'une Péruvienne, par Mme *de Graffigny*, suivies de celles d'Aza ; 2 vol. in-12. *Paris*, 1822. 2 f. 75 c. p. 4 f.

LETTRES PERSANNES, par *Montesquieu*, 1 volume in-12. *Paris*, 1 f. 5o c. p. 2 f. 25 c.

LETTRES DE Mme DE MAINTENON, précédées de sa vie par M. *Auger*, avec des notes historiques sur plusieurs personnages célèbres du siècle de Louis XIV, 2e édit., 3 gros vol. in-8, fig. et *fac simile*. *Paris*, 1815. 12 f. p. 20 f.

— *Le même ouvrage*, 2e édition, ornée du portrait de Mme de Maintenon, et d'un *fac simile* d'une de ses lettres. *Paris*, 1815, 4 vol. in-12. 9 f. p. 12 f.

LETTRES DE Mme DE SÉVIGNÉ. *Paris*, Bossange, 1817, 12 forts vol. in-18. 16 f. p. 25 f.

— *Le même ouvrage*, augmenté de lettres, fragmens, notice sur Mme de *Sévigné* et sur ses amis, etc., 13 vol. in-12. *Paris*, 1819. 24 f. p. 36 f.

LETTRES D'UNE PÉRUVIENNE, par Mme de *Graffigny*, suivies de celle d'Aza, 2 vol. in-18, avec portrait. 2 f. p. 3 f.

LETTRES et Épîtres amoureuses d'Héloïse et d'Abeilard, 2 vol. in-18, avec 1 fig. *Paris*. 1 f. 25 c. p. 2f.

LETTRES SUR L'ITALIE, par *Dupaty*. 3 vol. in-18, ornés de fig. *Paris*. 2 f. 75 c. p. 3 f. 5o c.

LETTRES (Choix des) originales de Mirabeau à Sophie Ruffey, avec les portraits de Mirabeau et de Sophie. *Paris*, 1818, 4 vol. in-18. 4 f. p. 6 f.

LETTRES choisies de mesdames de Sévigné, de Grignan, de Simiane et de Maintenon. *Paris*, Bossange, 2 forts volumes in-12, avec 2 portraits. 3 f. 5o c. p. 5 f.

— *Le même ouvrage*. *Paris*, Bossange, 3 forts volumes in-18, belle édition, ornée de 2 portraits. 3 f. 5o c. p. 5 f.

LIAISONS DANGEREUSES (les), Lettres recueillies dans une société, par C*** de L***, 2 vol. in-12, ornés de 6 jolies vign. *Paris*, 1820. 5 f. p. 7 f. 5o c.

— *Le même ouvrage*, 4 vol. in-18, figures. *Paris*, 1823. 2 f. 6o c. p. 4 f.

LIVRE DE FAMILLE (le), par *Berquin*, nouvelle édition, ornée de 2 gravures, 1 vol. in-12. *Paris*, 1821. 1 f. 75 c. p. 2 f. 5o c.

LIVRE DE FAMILLE, ou Lectures récréatives propres à l'instruction des enfans des deux sexes, 4 volumes in-18, ornés de 36 grav. *Paris*, 1809. 6 f. p. 9 f.

LINNÆI Systema naturæ, 3ᵉ édition, publiée par *J-Fr Gmelin*, 10 gros vol. in-8.   3o f. p. 6o f.

LOGIQUE, ou Développement de l'Art de Penser, par *Condillac*, 24ᵉ édition. 1 vol. in-18. *Paris*, 1822.   85 c. p. 1 f. 25 c.

LOGIQUE, ou Réflexions sur les principales opérations de l'Esprit, par *Dumarsais*, 18ᵉ édition, 1 vol. in-18. *Paris*, 1822.   65 c. p. 1 f.

LOGIQUES de Condillac et Dumarsais réunies en faveur des personnes qui veulent acquérir la connaissance des deux méthodes logiques, 1 vol. in-18. *Paris*, 1822.   1 f. 5o c. p. 2 f. 25 c.

LOIS DES BATIMENS, ou le Nouveau Desgodets, traitant suivant les Codes civil et de procédure, par *Lepage*, 2 vol. in-8. *Paris*, 1819.   6 f. p. 9 f.

LOUIS XIV, sa Cour et le Régent, par *Anquetil*, 4 vol. in-12. *Paris*, 1789.   6 f. p. 10 f.

LOUIS XVI et ses Vertus, aux prises avec la perversité de son siècle, par l'abbé *Proyart*. 5 vol. in-8, ornés d'un portrait. *Paris*, 1819.   20 f. p. 3o f.

LOUIS XVI détrôné avant d'être roi, par l'abbé *Proyart*, 1 volume in-8, portrait. *Paris*, 1819.   4 f. p. 6 f.

LYCÉE, ou COURS DE LITTÉRATURE ancienne et moderne, par *La Harpe*, 16 gros vol. in-18, *Paris*, 27 f. p. 4o f.

MAGASIN DES ENFANS, ou Dialogues d'une sage gouvernante avec ses élèves, par Mᵐᵉ *Leprince de Beaumont*, 4 vol. in-18, fig. *Paris*, 1821. 2 f. 5o c. p. 4 f.

MAGASIN DES ADOLESCENTES, ou Dialogues entre une sage gouvernante et ses élèves, par *la même*, 4 vol. in-18, figures. *Paris*, 1821.   3 f. p. 5 f.

MAGASIN DES JEUNES DAMES, ou Instructions pour les personnes qui entrent dans le monde et se marient; leurs devoirs dans cet état et envers leurs enfans, par Mᵐᵉ *Leprince de Beaumont*, 4 volumes in-18. *Paris*, 1821.   3 f. 75 c. p. 6 f.

MAGASIN DES PAUVRES, artisans, domestiques, et gens de la campagne, par *la même*. 4 vol. in-18, ornés de 4 jolies figures. *Paris*, 1823.   3 f. p. 5 f.

MAISON (la) DES CHAMPS, ou Manuel général du Cultivateur, contenant 1° la grande et la petite Culture; 2° l'Économie rurale et domestique; 3° la Médecine vétérinaire, etc., par M. *D. Pfluguer*, 4 gros vol. in-8., avec un grand nombre de figures. *Paris*, 1819.   27 f. p. 36 f.

MAISON RUSTIQUE (la), ou Cours complet d'Agriculture, d'économie rurale et domestique, d'après Duhamel, Dumonceau, de Labretonnerie, Lafosse, etc. 2 vol. in-8, avec beaucoup de figures. *Paris*, 1818.   1o f. p. 15 f.

MAITRE D'ANGLAIS (le), par *Cobbett*, 5ᵉ édition, très-augmentée par M. *du Roure*, 1 gros vol. in-8, *Paris*, 1816.   5 f. p. 6 f.

MAITRE ITALIEN, ou Nouvelle Grammaire pratique française et italienne de Veneroni, 2ᵉ édition, revue avec soin par M *Laury*, professeur de langue italienne. 1 fort vol. in-8. *Lyon*.   3 f. 75 c. p. 6 f.

MAITRE ESPAGNOL, ou Nouvelle Grammaire espagnole, par *Cormon*. 1 volume in-8. *Lyon*, 1821.   3 f. 75 c. p. 6 f.

MAITRE (le) D'ÉLOQUENCE FRANÇAISE, par *Collin*, 1 vol. in-12. *Paris*, 1813. 1 f. 5o c. p. 2 f. 5o c.

MANOEUVRIER (le), ou Essai sur la théorie et la pratique des mouvemens du navire et des évolutions navales, nouvelle édition, augmentée d'un Appendice, contenant les Principes fondamentaux de l'arrimage, par *Bourdé de Villehuet*, suivi des exercices et manœuvres du canon à bord des vaisseaux. *Paris*, 1814, 1 vol. in-8, avec 11 planches.   4 f. 5o c. p. 6 f.

MANUEL d'Arithmétique ancienne et décimale, à l'usage de toutes les personnes qui se destinent au commerce, 1 v. in-18, avec figures. 1 f. p. 1 f. 5o c.

MANUEL des Cérémonies romaines, tirées des livres romains les plus authentiques, etc., nouvelle et jolie édition, corrigée et augmentée, 2 vol. in-12, *Lyon*.   3 f. p. 5 f.

MANUEL d'Histoire naturelle, de Blumembach, par M. *S. Artaud*, 2 vol. in-8, avec fig.   8 f. p. 12 f.

MANUEL ÉPISTOLAIRE à l'usage de la jeunesse, ou Instructions générales et particulières sur les divers genres de correspondance, suivies d'exemples puisés dans nos meilleurs écrivains, par *Philippon de la Madelaine*, 6ᵉ édition, 1 vol. in-12. *Paris*, 1822.   1 f. 75 c. p. 2 f. 5o c.

MANUEL DES COMMERÇANS, ou Guide en affaires commerciales, contenant toutes les lois, tous les réglemens qui ont paru sur le Commerce, avec des formulaires de toutes espèces d'actes, etc., par M. *Léopold*. 1 vol. in-12. *Paris*.   2 f. p. 3 f.

MANUEL du jeune marin, contenant l'instruction des devoirs attachés à chacune des classes du navigateur; un Vocabulaire raisonné des termes de marine; par *Nogues*. 1 vol. in-12, avec 8 planches. *Paris*.   2 f. 25 c. p. 3 f. 5o c.

MANUEL DU FERMIER, ou Petit Cours d'Agriculture, contenant un traité sur la physique agricole, la culture des champs, les animaux domestiques, les laiteries, et la manière d'en utiliser les produits, l'art vétérinaire, etc., par M. *Delepinois*, 1 vol. in-8. *Paris*, 1821.   2 f. 75 c. p. 3 f. 5o c.

MÉDECINE (la) et la Chirurgie des Pauvres, contenant des remèdes choisis pour la plupart des maladies qui attaquent le corps humain, 1 gros vol. in-12.   1 f. 8o c. p. 3 f.

MELANGES HISTORIQUES, par *Voltaire*, 2 vol. in-18, grand-raisin. *Paris*, 1822.   4 f. p. 6 f.

MÉLANGES de littérature et de philosophie du dix-huitième siècle, par M. l'abbé *Morellet*, 4 v. in-8°. *Paris*, 1818.   16 f. p. 24 f.

MÉMOIRES du cardinal de Retz, de Guy-Joly et de la duchesse de Nemours, etc., édition terminée par une table raisonnée des matières, 6 gros vol. in-8, bien imprimés, et ornés d'un beau portrait. *Paris*, 1820.   24 f. p. 36 f.

MÉMOIRES du comte de Grammont, par *Hamilton*, 2 vol. in-12, ornés de 2 gravures. *Paris*, 1818. 3 f. p. 4 f. 5o c.

MÉMOIRES d'un homme de qualité, par l'abbé *Prévost*, 4 vol. in-18. 3 f. 5o c. p. 6 f.
— *Le même ouvrage*, 4 vol. in-12. *Paris.* 7 f. 5o c. p. 1o f.

MÉMOIRE DU COMTE DE BONNEVAL, par le prince de *Ligne*, suivi des Lettres de la comtesse de Bonneval, à son mari, etc., 1 vol. in-8. *Paris*, 1817. 3 f. p. 3 f. 5o c.

MÉMOIRES du général Dumouriez, écrits par lui-même, édition augmentée de la vie de ce général, 2 v. in-18, port. *Paris*, 1821 2 f. 5o c. p. 4 f.

MÉMOIRES de J.-B. Louvet, auteur de *Faublas*, membre de la Convention, etc. 2 vol. in-18. *Paris*, 1821. 2 f. 5o c. p. 4 f.

MÉMOIRES sur la Bastille et la détention de Linguet, écrits par lui-même, édition augmentée d'anecdotes sur ce château-fort et sur les prisons d'état. 1 v. in-18, port. *Paris*, 1821. 1 f. 25 c. p. 2 f.

MÉMOIRES du marquis de Bouillé, lieutenant-général, gouverneur de Douai, membre des deux assemblées des notables, et général en chef de l'armée de Meuse, Sarthe et Moselle. 2 vol. in-18, portrait. *Paris*, 1822. 2 f. 5o c. p. 4 f.

MÉNAGERIE du Muséum d'histoire naturelle, ou Description des mœurs et habitudes des animaux vivans à la Ménagerie de Paris, par MM. *de Lacepède*, *Cuvier*, *Geoffroy* et autres savans, ouvrage orné de 58 planches très-bien gravées par *Miger*, d'après les dessins de M. *Maréchal*, peintre du Muséum d'Histoire naturelle, 2 forts vol. in-12. *Paris*, 1817. 7 f. p. 12 f.

MENTOR VERTUEUX (le), moraliste et bienfaisant, ou Choix de faits mémorables, d'anecdotes intéressantes, d'entretiens moraux, etc., par *Bérenger*, 1 vol. in-12. *Paris*, 1820. 2 f. p. 3 f.

MENTOR DES ENFANS et des Adolescens, par l'abbé *Reyre*, 1 vol. in-12. 1 f. 6o c p. 2 f. 5o

MENTOR (nouveau) de la jeunesse pour les deux sèxes, contenant l'histoire sainte, la doctrine chrétienne, la Morale en action, l'abrégé de la grammaire française, l'arithmétique, l'histoire de France, la géographie et la mythologie. 1 vol. in-12, avec fig. et titre gravé. *Paris*, 1814. 1 f. 8o c. p. 3 f.

MÉTAMORPHOSES (les), ou l'Ane d'or d'Apukée, philosophe platonicien. 2 vol. in-8°. 5 f. p. 1o f.

MÉTAMORPHOSES (les) D'OVIDE; traduction nouvelle, avec le texte de l'édition du P. Jouvency, et des notes à l'usage des écoles primaires et centrales , par *Malfilâtre*. 3 vol. in-8°, ornés de 16 figur. *Paris*, 1803. 12 f. p. 18 f.

MÉTHODE ÉPROUVÉE pour apprendre facilement et sans maître la botanique, par M. *Dubois*. 1 vol. in-8°. *Paris*, 1803. 5 f. 25 c. p. 6 f.

MILLE ET UN QUART D'HEURE (les), contes tarares, 3 vol. in-12. *Paris*, 1753. 6 f. p. 9 f.

MILLE ET UN JOURS (les), contes persans, traduits en français par M. *Petit Delacroix*, 5 vol. in-12. *Paris*, 1766. 1o f· p. 15 f.

MINISTRE DE WAKEFIELD (le), par *Goldsmith*, 2 vol. in-12. 2 f. 5o c. p. 4 f.

MIROIR (le) DE L'ENFANCE, ouvrage servant à démontrer les avantages d'une éducation soignée, par *Bertin*. 1 vol. in-18, gros caractère, avec 5 fig. *Paris*, 1823. 1 f. p. 1 5o c.

MODÈLE DES JEUNES GENS (le), par l'abbé *Proyart*, 1 vol. in-18. 1 f. p. 1 f. 5o c.

MOEURS ET CARACTÈRES DU DIX-NEUVIÈME SIÈCLE, par *Gallet*. 2 vol. in-8°. *Paris*, 1817. 8 f. 5o c. p. 13 f.

MORALE DES ENFANS, Choix de fables d'Ésope, à la portée du jeune âge, avec 20 figures en taille-douce, 1 vol. in-18, oblong. *Paris.* 1 f. p. 1 f. 5o c.

MORALE DU JEUNE AGE (la), ou Choix de fables , contes et histoires, 3e édition, 2 vol. in-18, ornés de 48 gravures. 2 f. 4o c. p. 3 f. 6o c.

MORALE INSPIRÉE PAR LES ACTIONS (la), ou Élite d'anecdotes instructives, ouvrage utile aux élèves des maisons d'éducation de l'un et l'autre sexe, 1 vol. in-12, orné de 48 portraits et d'un frontispice. *Lille*, 1819. 1 f. 5o c. p. 2 f. 5o c.

MORALE (la) NOUVELLE en actions, ou nouveau Choix d'anecdotes chrétiennes, instructives et amusantes. 1 vol. in-18, avec une figure et un titre gravé. *Douai*, 1823. 8o c. p. 1 f. 25 c.

MORALE UNIVERSELLE (la) , ou les Devoirs de l'homme fondés sur sa nature. 3 volumes in-8°. 8 f. p· 12 f.

MORALISTE FRANÇAIS (le), ou Choix d'anecdotes intéressantes, et de traits de vertu, de courage et de bienfaisance, destinés à l'éducation de la jeunesse, 1 volume in-12, orné d'une figure et d'un titre gravé avec vignette. 1822. 1 f. 5o c. p. 2 f. 5o c.

MORCEAUX CHOISIS des Caractères de La Bruyère, ouvrage destiné à l'éducation de la jeunesse, par *Philippon de la Madelaine*, 1 vol. in-12, *Paris*. 1 f. 75 c. p. 2 f. 5o c.

MORCEAUX choisis extraits de Tacite, suivis de remarques et de réflexions, à l'usage des lycées; par *N.-S. Anquetil*. 1 gros vol. in-12 de 458 pages. 1 f. 75 c. p. 2 f. 5o c.

MORCEAUX CHOISIS DE TACITE, traduits en français, avec le texte en regard, par *d'Alembert*, 2 vol. in-12. *Paris*. 4 f. p. 5 f.

MORCEAUX D'ÉLOQUENCE extraits des sermons des orateurs protestans français les plus célèbres du 17e siècle, précédés d'une courte notice sur la vie de chacun d'eux, par *A. Caillot*. 1 vol. in-8. *Paris*, 1810. 3 f. p. 5 f.

MORT D'ABEL (la), par *Gessner*, traduite en français par *Huber*, nouvelle édition. *Paris*, 1 vol. in-18, orné de 6 figures. 1 f. 2o c. p. 1 f. 8o c.
— *Le même ouvrage*, 1 vol. in-12. 1 f. 25 c. p. 2 f.
— *Le même ouvrage*, en anglais, 1 vol. in-12. *Paris*, 1810. 1 f. 25 c. p. 2 f.

MORT DE SOCRATE (la), drame précédé d'un Essai sur les journaux et suivi d'un Discours académique, par *J. Bernardin de Saint-Pierre*. *Paris*, *Didot aîné*, 1808, 1 vol. in-18.　1 f. p. 1 f. 50 c.

MUSÉE FRANÇAIS (le), ou Etudes de littérature et de morale, extraites des ouvrages en vers et en prose des grands écrivains des 17, 18 et 19ᵉ siècles; ouvrage classique à l'usage des colléges et maisons d'éducation de l'un et l'autre sèxe; par *Lebrun de Charmettes*, auteur de l'Histoire de Jeanne d'Arc, de l'Orléanide, etc. 2 vol. in-8° de 1,500 pages. *Paris*, 1822.　9 f. p. 12 f.

MYTHOLOGIA Soave ossia esposizione delle favole transunto delle metamorphosi di Ovidio. 1 volume in-12.　1 f. 50 c. p. 2 f.

MYTHOLOGIE (Traité de la), par l'abbé *Lyonnais*, principal du collége de Nancy, édition à l'usage des jeunes gens des deux sexes, avec cent quatre-vingt fig. en taille-douce. 1 vol. in-8°. *Nancy*, 1788. 　3 f. 25 c. p. 5 f. 50 c.

MYTHOLOGIE DES DEMOISELLES (nouvelle), par Mᵐᵉ *de Renneville*, 1 vol. in-12, orné de 37 gravures. *Paris*, 1822.　2 f. p. 3 f.

NARRATIONS CHOISIES de Tite-Live, avec des réflexions, à l'usage des lycées et des écoles secondaires, 2 vol. in-12.　4 f. p. 5 f.

NATURALISTE DE TOUS LES AGES, ou Histoire des animaux classée selon le système de Linné, contenant la description de plus de 600 sujets avec un grand nombre de figures en bois, et 33 figures en taille-douce. 1 fort vol. in-12. *Paris*, 1810. 2 f. p. 3 f.

NEOLOGIE, ou Vocabulaire de mots nouveaux, à renouveler ou pris dans les acceptions nouvelles, par *Mercier*, 2 volumes in-8, portrait, *Paris*, 1801.　6 f. p. 10 f.

NOTICE sur les graveurs qui nous ont laissé des estampes marquées de monogrammes, chiffres, rébus, lettres initiales, etc. , avec une description de leurs plus beaux ouvrages et des planches en taille-douce, contenant toutes les marques dont il se sont servis. 2 vol. in-8°. *Besançon*, 1808.　8 f. p. 12 f.

NOTTI ROMANÆ DI VERRI. 2 vol. in-18. 1817.　2 f. 25 c. p. 3 f.

NOUVELLE HÉLOISE (la), par *J.-J. Rousseau*. 3 vol. in-12. *Paris*, 1822.　5 f. p. 7 f. 50 c.

NOUVELLE HÉLOISE (la), par *J.-J. Rousseau*, édition ornée de 6 jolies fig. en taille-douce. 4 vol. in-12 *Paris*, 1808.　9 f. p. 12 f.

NOVELLE MORALI, di Francesco Soave ad'uso della juoventu. 2 vol. in-18. 1817.　2 f. 50 c. p. 4 f.

NUITS D'YOUNG (les), trad. de l'anglais par *Le Tourneur*, nouvelle édition, ornée de deux figures. 2 vol. in-18. *Paris*.　2 f. p. 3 f.

NUMA POMPILIUS, second roi de Rome, par *Florian*, 2 vol. in-18,　1 f. 25 c. p. 2 f.
— *Le même ouvrage*, 2 vol. in-18, avec figures et titres gravés. *Paris*, 1823. 1 f. 75 c. p. 2 f. 50 c.

OBSERVATIONS SUR L'HISTOIRE DE FRANCE, par l'abbé *Mably*, édition continuée jusqu'au règne de Louis XIV, par l'abbé *Brizard*. 4 vol. in-12. 1788.　4 f. p. 7 f. 50 c.

ODES D'HORACE (les), traduits en vers, avec des argumens et des notes, par *Vanderbourg*. 3 vol. in-8°.　10 f. p. 13 f.

OEUVRES CHOISIES DE DESTOUCHES, 4 v. in-18. *Paris*, 1820.　5 f. p. 7 f.

OEUVRES CHOISIES DE PANARD, données par *Armand-Gouffé*, 3 v. in-18, ornés d'un joli portrait. *Paris*.　3 f. p. 4 f. 50 c.

OEUVRES CHOISIES DE J.-B. ROUSSEAU, avec des notes, 1 fort vol. in-18.　1 f. p. 1 f. 50 c.

OEUVRES DIVERSES DU BARON DE BOCK, contenant les Apparitions, le Voyageur, le Tribunal secret, etc., 2 vol. in-12.　2 f. 50 c. p. 4 f. 50 c.

OEUVRES DIVERSES DE M. SABATIER, ancien professeur d'éloquence, 2 vol. in-12. *Avignon*, 1779.　2 f. p. 3 f.

OEUVRES DE J. RACINE, avec les notes de Petitot. 5 vol. in-8°. belle édition, imprimée sur beau papier.　18 f. p. 30 f.

OEUVRES COMPLÈTES DE D'ALEMBERT, 5 vol. in-8°. *Paris*, *Belin*, 1822.　27 f. 50 c. p. 40 f.

OEUVRES COMPLÈTES DE DUCLOS, 3 vol. in-8°. *Paris*, *Belin*, 1821.　17 f. 50 c. p. 24 f.

OEUVRES COMPLÈTES DE GESSNER, nouvelle édition ornée du portrait de l'auteur et de 15 jolies fig. ; 4 vol. in-18. *Paris*, 1823. 5 f. p. 7 f. 50 c.

OEUVRES COMPLÈTES de J. *Racine*, 5 vol. in-18. *Paris*,　5 f. p. 7 f. 50 c.

OEUVRES COMPLÈTES DE VOLTAIRE, 60 vol. in-12, imprimés sur papier fin, ornés du portrait de l'auteur et d'un *fac simile* de son écriture. *Paris*, 1821—1822.　150 f. p. 210 f.

OEUVRES DE NAPOLEON BONAPARTE, 5 forts vol. in-8°. *Paris*, 1822.　18 f. p. 30 f.

OEUVRES DE CRÉBILLON, édit. de la Société, 3 vol. in-12, petit pap. *Paris*.　4 f. p. 6 f.

OEUVRES COMPLÈTES DE LE SAGE ET DE L'ABBÉ PRÉVOST, nouvelle et belle édition, ornée de 112 figures, 55 gros volumes in-8°. *Paris*, 1810 à 1816.　200 f p. 350 f.

OEUVRES COMPLÈTES DE LA FONTAINE, 5 vol. in-18. *Paris*, 1819.　5 f. p. 7 f. 50 c.

OEUVRES COMPLÈTES DE J.-J. ROUSSEAU, 8 vol. in-8. *Paris*, *Belin*, 1817.　40 f. p. 72 f.

OEUVRES COMPLÈTES DE RULHIÈRE, de l'Académie française, 6 vol. in-8, belle édition, ornée du portrait de l'auteur. *Paris*, 1819.　30 f. p. 40 f.

OEUVRES COMPLÈTES DE STERNE, traduites de l'angl. par une société de gens de lettres ; nouvelle édition, 6 vol. in-18, ornés de 9 gravures. *Paris*, 1818.　8 f. p. 13 f. 50 c.

OEUVRES COMPLÈTES DE FLORIAN, édition corrigée d'après les manuscrits de l'auteur, et augmentée de plusieurs pièces inédites, 24 vol. in–18, ornés de 24 figures. *Paris.*   16 f. p. 24 f.
— *Le même ouvrage*, 24 vol. in–18, imprimés sur papier fin, et ornés de 128 figures en taille-douce. *Paris.*   36 f. p. 60 f.
OEUVRES COMPLÈTES DE BOILEAU DESPRÉAUX, avec les Variantes, des Notes historiques et critiques, un Discours sur le caractère et l'influence des OEuvres de Boileau, et la Vie de ce poëte, par M. *Daunou*. 3 vol. in–8, imprimés sur beau papier. *Paris*, 1819.   12 f. p. 18 f.
— *Le même ouvrage*, orné de 7 belles figures d'après Moreau le jeune.   20 f. p. 30 f.
OEUVRES COMPLÈTES DE J. RACINE, avec des Commentaires par *Geoffroy*, 7 vol. in–8, bien imprimés sur papier vélin, et ornés de 15 belles gravures, de vignettes et titres gravés. 80 f. p. 120 f.
OEUVRES COMPLÈTES DE J. RACINE, avec des Commentaires de *La Harpe*, 7 vol. in–8, ornés du portrait de Racine et de 12 fig. d'après Moreau.   20 f. p. 35 f.
OEUVRES COMPLÈTES DE BOUFFLERS, membre de l'Institut et de la Légion d'Honneur, 4 v. in–18, imprimés sur beau papier, et ornés de 16 jolies fig. et du portrait de l'auteur. *Paris*, 1817. 7 f. p. 9 f.
OEUVRES COMPLÈTES DE MARMONTEL, nouvelle édition, augmentée de plusieurs morceaux de littérature inédits, ornée d'un beau portrait et de 28 gravures exécutées avec soin, 18 vol. in–8. *Paris*, 1818.   90 f. p. 108 f.
OEUVRES POSTHUMES du même, comprenant les poëmes de Polymnie et de la Neuvaine, 1 vol. in–8, orné d'un beau portrait de Piccini et de figures, et formant le 19me et dernier volume des œuvres de Marmontel.   5 f. 25 c. p. 6 f.
OEUVRES COMPLÈTES DE CONDILLAC, nouvelle édition publiée en 16 vol. in–8, imprimée sur carré d'Auvergne fin, caractère cicéro neuf. *Paris*, 1822.   80 f. p. 96 f.
OEUVRES DE BERNARD, contenant l'Art d'aimer et autres poésies, 1 vol. in–12, papier vélin, très-jolie édit. *Paris, Didot*, 1803.   3 f. p. 4 f. 50 c.
OEUVRES DE MOLIÈRE, 6 vol. in–18. *Paris*, 1822.   6 f. 75 c. p. 10 f.
OEUVRES COMPLÈTES DE BERQUIN, 28 vol. in–18, ornés de 116 figures en taille-douce. *Paris*, 1822.   24 f. p. 36 f.
OEUVRES COMPLÈTES DE L'ABBÉ PROYART, édition ornée de huit jolis portraits et d'une carte géographique, 17 vol. in–8. *Paris*, 1819. 45 f. p. 80 f.
OEUVRES COMPLÈTES DE J.-J ROUSSEAU, nouvelle édition augmentée de notes et notices intéressantes, et d'un *fac simile* de son écriture, 22 vol. in–12, ornés du portrait de Rousseau, et de 59 gravures, la plupart dessinées par *Moreau*. 60 f. p. 88 f.
OEUVRES COMPLÈTES DE MARMONTEL de l'Académie française. 18 v. in–12. *Paris*, 1819. 40 f. p. 72 f.

OEUVRES DIVERSES DE J.-J. BARTHÉLEMI, auteur du Voyage du jeune Anacharsis, contenant son Voyage en Italie, son Traité de morale, ses Lettres, etc., 4 vol. in–18, jolie édition ornée de fig. *Paris.*   4 f. p. 6 f.
— *Le même ouvrage*, 2 vol. in–8, figures. *Paris.*   6 f. p. 10 f.
OEUVRES DE DIDEROT, publiées sur les manuscrits de l'auteur, par *Naigeon*. *Paris, Déterville*, 15 gros vol. in–12, avec figures.   30 f. p. 45 f.
OEUVRES D'HOMÈRE, traduites du grec par Mme *Dacier*, nouvelle édit., ornée de figures et médailles, 4 vol. in–12. *Paris*, 1815.   7 f. 50 c. p. 10 f.
— *Le même ouvrage*, 6 vol. in–18. *Lyon*, 1819.   5 f. p. 7 f. 50 c.
OEUVRES DE RÉGNARD, 4 v. in–18. *Paris*, 1821.   4 f. 50 c. p. 7 f.
OEUVRES DE L'ABBÉ MILLOT, comprenant les Élémens de l'Histoire générale ancienne et moderne, les Élémens de l'Histoire de France et de l'Histoire d'Angleterre, 18 gros vol. in–12.   36 f. p. 54 f.
OEUVRES DE BOILEAU DESPRÉAUX, à l'usage des colléges, 1 v. in–18, bonne édition. 90 c. p. 1 f. 50 c.
OEUVRES DE J. RACINE, nouvelle et belle édition sur papier fin, ornée d'un portrait et de 12 jolies figures, 3 vol. in–12. *Paris*, 1817. 8 f. p. 12 f.
— *Le même ouvrage*, 4 vol. in–18, belle édit., avec portrait et 12 jolies fig. *Paris*, 1817.   5 f. 50 c. p. 8 f. 50. c.
OEUVRES DE VIRGILE, latin et français, connu sous le nom de Virgile de l'Université, 4 forts vol. in–18, belle édition. *Lyon*, 1813.   4 f. p. 7 f.
OEUVRES DE VIRGILE, en latin et en français, traduction de Desfontaines, nouvelle et belle édition, 4 vol. in–18. *Lyon*, 1813.   4 f. p. 6 f.
— *Le même ouvrage*, 2 vol. in–12. 3 f. 50 c. p. 6 f.
OEUVRES DE BERTIN, 2 vol. in–18, figures. *Paris.*   2 f. p. 3 f.
OEUVRES DE DÉMOSTHÈNE ET D'ESCHINE, en grec et en français, traduction de l'abbé *Auger*, nouvelle édition revue et corrigée, par *Planche*; enrichie d'un beau portrait de Démosthène, 10 vol. in–8. *Paris.*   75 f. p. 90 f.
OEUVRES DE GRESSET, nouvelle édition faite d'après l'original, et ornée de 7 jolies gravures et d'un portrait, 2 vol. in–8. *Paris*, 1794.   6 f. p. 9 f.
OEUVRES DE GRESSET, édition complète. *Nîmes*, 1808, 2 vol. in–12.   3 f. p. 4 f.
OEUVRES D'ANDRÉ CHENIER. 1 vol. in–18. *Paris*, 1822.   2 f. 25 c. p. 3 f.
OEUVRES DE LA HARPE, de l'Académie française, accompagnées d'une notice sur sa vie et ses ouvrages, par M. *Saint-Surin*, 16 vol. in–8, imprimés par *Firmin Didot*, sur beau papier, ornés des portraits de l'auteur, du Camoëns, de Suétone, et des douze Césars d'après l'antique, et de figures pour le théâtre. *Paris*, 1821.   80 f. p. 96 f.
OEUVRES DE GILBERT, nouvelle et jolie édition précédée d'une Notice sur sa vie. par M. *Charles Nodier*, 1 vol. in–18, portrait. *Paris*, 1820.   1 f. 25 c. p. 2 f

OEUVRES DE D'ARNAUD , contenant les Époux malheureux , les Nouvelles historiques, etc. , 11 vol. in-12.   12 f. p. 22 f.

OEUVRES DE LAUJON , membre de l'Institut , contenant ses pièces de théâtre, poésies, anecdotes, etc. , 4 vol. in-8.   12 f. p. 20 f.

OEUVRES DE TACITE, trad. en français par M. *Gallon de la Bastide* , 2ᵉ édition. 3 vol. in-8. *Paris* , 1815.   11 f. p. 15 f.

OEUVRES DE LEMIERRE , de l'Académie française, précédées d'une Notice sur la vie et les ouvrages de cet auteur. *Paris* , 1810 , 3 vol. in-8.   7 f. 50 c. p. 12 f.

OEUVRES DE LE BRUN , membre de l'Institut, publiées par M. *Ginguené*. 4 vol. in-8 , avec portraits. *Paris* , 1811.   16 f. p. 24 f.

OEUVRES DE SAINT-LAMBERT, 2 vol. in-18 , fig. *Paris*, 1822.   2 f. p. 3 f.

OEUVRES PASTORALES DE MERTHGHEN , *Paris*, 2 vol. in-18 , ornés de 2 jolies figures.   2 f. p. 3 f.

OEUVRES POISSARDES DE VADÉ ET DE L'ÉCLUSE, 1 vol. in-18 , papier vélin , imprimé par *Didot*, et orné de 4 jolies figures et du portrait de Vadé.   2 f. p. 3 f.

ORAISONS CHOISIES DE CICÉRON , en latin et en français, précédées d'un Éloge historique de cet auteur, traduites par M. *Bousquet*, avocat, 2 v. in-12.   3 f. 50 c. p. 5 f.

ORAISONS CHOISIES DE DÉMOSTHÈNES, traduction de MM. d'*Olivet* et *Auger*, 1 fort vol. in-12, port. *Paris* , 1813.   2 f. 50 c. p. 3 f. 75 c.

ORAISONS CHOISIES DE CICÉRON ; traduction revue par M. de *Wailly*, avec le latin en regard et des notes, 4 vol. in-12. *Lyon* , 1812. 8 f. 50 c. p. 12 f.

ORDONNANCE sur l'exercice et les manœuvres de la cavalerie , suivie de l'Instruction sur l'exercice et les manœuvres de la lance, 1 fort vol. in-12 , avec 29 planches en taille-douce, belle édition.   3 f. p. 4 f. 50 c.

ORNEMENS DE LA MÉMOIRE, ou Traits brillans des Poëtes français les plus célèbres, par Alletz ; bonne édition ornée d'une figure, 1 vol. in-18. *Paris*.   1 f. 20 c. p. 1 f. 80 c.

PAMÉLA , ou la Vertu récompensée, par *Richardson;* traduit de l'anglais , 8 vol. in-12 , bonne édition.   8 f. p. 14 f.

PAMÉLA ou la Vertu récompensée, par *Richardson* , 2 vol. in-8°, jolie édit. *Paris* , 1822. 8 f. p. 12 f.

PANDECTÆ JUSTINIANEÆ, *Auctore* J. Pothier. 5 gros vol. in-4. *Parisiis* , 1818 – 1820.   60 f. p. 90 f.

PARADIS PERDU (le) de *Milton*, avec des notes et des remarques de M. *Addisson*, par *Dupré* de Saint-Maur. 1 volume in-12. *Avignon* , 1823.   1 f. 80 c. p. 3 f.

PARFAIT (le) maréchal-expert, ou l'art de connaître les chevaux, 1 vol. in-12, orné de 6 gravures , *Paris*, 1822.   2 f. p. 3 f.

PARFAIT AGRICULTEUR (le), ou Dictionnaire portatif et raisonné d'agriculture , par *Cousin* , 2 vol. in-12. *Paris* , 1810.   3 f. 50 c. p. 5 f.

PARFAIT BOUVIER (le), ou l'Art de connaître les bestiaux , par une société d'agriculteurs , 1 vol. in-12, orné de 5 planches et d'un titre gravé, *Paris* , 1822.   2 f. p. 3 f.

PARFAIT CUISINIER , par *Raimbault*, 1 fort vol. in-12, fig. *Paris* , 1822.   2 f. p. 3 f.

PARFAIT ÉCOLIER (le), ou Vie de plusieurs jeunes étudians , 1 vol. in-18.   90 c. p. 1 f. 50 c.

PASSE-TEMPS DE LA JEUNESSE , ou Contes moraux amusans et instructifs, à l'usage de l'enfance et de l'adolescence, traduits de l'anglais par *Bertin* , deuxième édition , 2 vol. in-18, ornés de 33 jolies figures.   2 f. p. 3 f.

PENSÉES DE CICÉRON (les), latin et français , trad. par *d'Olivet* , 1 vol. in-12.   1 f. 50 c. p. 2 f. 50 c.

PENSÉES DE MARC-AURÈLE , 1 volume in-18.   1 f. 20 c. p. 1 f. 80 c.

PENSÉES DE POPE , avec un Abrégé de sa vie, suivi de l'Essai sur l'homme, du même auteur, traduit de l'anglais, in-8°, *Paris*. 1773.   1 f. 50 c. p. 2 f. 25 c.

PENSION DE JEUNES DEMOISELLES (la), par mademoiselle *Vanhove* , 2 vol. in-18, ornés de 8 fig. *Paris* , 1822.   2 f. p. 3 f.

PETIT CONTEUR DE POCHE (le), ou l'Art d'échapper à l'ennui , 2ᵉ édition , 1 volume in-18, figure.   1 f. p. 1 f. 50 c.

PETIT GRANDISSON (le), par *Berquin*, nouvelle édition, ornée de deux gravures, 1 vol. in-12. *Paris*, 1821.   1 f. 75 c. p. 2 f. 50 c.

PETIT SAVINIEN (le), par madame de *Renneville*, 1 vol. in-18, fig.   1 f. p. 1 f. 50 c.

PETITS MORALISTES (les), ou Histoire d'Édouard et de Florella , par *Bertin*, 1 vol. in-18, orné de 11 gravures. *Paris*, 1819.   1 f. p. 1 f. 50 c.

PEUPLE INSTRUIT (le) par ses propres vertus, ou Cours complet d'instructions et d'anecdotes recueillies dans nos meilleurs auteurs, par *Bérenger*, jolie édition, 3 volume in-12. *Paris*, 1805.   4 f. 50 c. p. 7 f. 50 c.

PHÉNIX DES FABLIERS (le), ou Morceaux choisis des poëtes français qui ont excellé dans l'apologue, depuis 1600 jusqu'à nos jours, 2 vol. in-18 ornés de 72 figures en taille-douce. *Paris*, 1821.   2 f. 25 c. p. 3 f. 75 c.

PHILOSOPHIE de la Jeunesse et de tous les Âges, 1 vol. in-18.   40 c. p. 75 c.

PIÈCES inédites sur les règnes de Louis xiv , de Louis xv et de Louis xvi ; ouvrage dans lequel on trouve des lettres de Louis xvi , de madame de Maintenon , des maréchaux de Villars, etc. , 2 vol. in-8. *Paris*, 1809.   5 f. p. 9 f.

PLACIDE A SCOLASTIQUE sur la manière de se conduire dans le monde par rapport à la religion, par l'abbé Dom Jamin, 1 volume in-12. *Paris*, 1776.   2 f. p. 3 f.

PLAISIRS (les) DE LA CAMPAGNE, dédiés aux jeunes demoiselles, par madame d'*Avaux*. 1 vol. in-18, jolie édition, pap. satiné, ornée de 9 jolies gravures. *Paris*, 1823. 2 f. 75 c. p. 4 f.

PLUTARQUE DES DEMOISELLES (le), ou Vies des femmes illustres de tous les pays, par *Propiac*, 2 forts vol. in-12 ornés de portraits. 4 f. 50 c. p. 6 f.

PLUTARQUE (le) FRANÇAIS, ou Abrégé des vies des hommes illustres dont la France s'honore; par *Propiac*. 2 volumes in-12, ornés de 40 portraits. *Paris*. 4 f. p. 6 f.

POÈMES ET DISCOURS EN VERS, par *Voltaire*, 1 v. in-12, jolie édition. *Paris*, 1808. 2 f. p. 3 f.

POÉSIES D'HORACE, traduites en français, 2 vol. in-18. *Avignon*, 1823. 2 f. p. 3 f.

POÉSIES révolutionnaires et contre-révolutionnaires, ou Recueil, classé par époques, des hymnes, chants guerriers, chansons républicaines, odes, satires, cantiques des missionnaires, etc., les plus remarquables qui ont paru depuis 30 ans. 2 vol. in-18, fig. *Paris*, 1821. 2 f. 50 c. p. 4 f.

POÉSIES DE M. J. CHÉNIER, suivies de la Poétique d'Aristote. *Paris*, 1822. 2 volumes in-18. 4 f. 50 c. p. 6 f.

POLICHINEL INSTITUTEUR, par Mme de *Renneville*, 1 vol. in-18, orné de jolies figures. *Paris*, 1820. 1 f. p. 1 f. 50 c.

PORTION DISPONIBLE (la), ou Traité de la portion des biens dont on peut, suivant le Code civil, disposer à titre gratuit au préjudice de ses héritiers, par *Levasseur*, 1 vol. in-8. 3 f. p. 5 f.

PRATIQUE SIMPLIFIÉE DU JARDINAGE, à l'usage des personnes qui cultivent elles-mêmes un petit domaine, par *Dubois*, 1 vol. in-12. *Paris*, 1821. 1 f. 75 c. p. 2 f. 50 c.

PRÉCEPTES pour l'éducation des deux sexes, à l'usage des familles chrétiennes; par *Blanchard*. 2 vol. in-12, fig. 3 f. 25 c. p. 5 f.

PRÉCEPTEUR DES ENFANS (le), ou le Livre du second âge, 8e édition, entièrement refondue par Mme de *Renneville*, 1 vol. in-12, orné de 4 grav. *Paris*, 1822. 1 f. 50 c. p. 2 f. 50 c.

PRÉCIS DE LA RÉVOLUTION FRANÇAISE, et des événemens politiques et militaires qui l'ont suivie, par *Schoel*, 1 vol. in-18. *Paris*. 1 f. p. 1 f. 50 c.

PRÉCIS DE LA RÉVOLUTION FRANÇAISE, par *Rabaut de St.-Étienne*; édition augmentée de la Déclaration des droits de l'homme et du citoyen; suivie du Tableau de la révolution française, depuis son origine jusqu'en 1814; augmentée de la Charte constitutionnelle, par M. de *Norvins*. 2 vol. in-18, fig. *Paris*, 1820. 2 f. 50 c. p. 4 f.

PRÉCIS de la vie et du pontificat de Pie VI, par l'abbé *Blanchard*. 1 vol. in-12. 1800. 1 f. 25 c. p. 2 f.

PRÉSENT MATERNEL (le), ou la Semaine amusante et instructive, ouvrage consacré à la jeunesse, trad. de l'anglais, par *Bertin*. *Paris*, 1817, 2 vol. in-18, avec figures. 2 f. p. 3 f.

PRINCIPES DE NAVIGATION, ou Abrégé de la théorie et de la pratique du pilotage, par Ducange, 1 v. in-8, avec planches. *Paris*, 1787. 2 f. 50 c. p. 4 f.

PROMENADES CHAMPÊTRES (les), dialogues à l'usage des jeunes personnes, traduits de l'anglais de Charlotte Smith, 3 vol. in-12, avec 3 fig. *Paris*. 4 f. 50 c. p. 6 f.

PROSODIE LATINE, par *Chevalier*, in 12. *Paris*, 1823. 50 c. p. 70 c.

PROVINCIALES (les), ou Lettres de Louis de Montalte, par *B. Pascal*. 1 vol. in-12. *Avignon*, 1823. 1 f. 80 c. p. 3 f.

PSAUTIER FRANÇAIS, traduction nouvelle, avec des notes pour l'intelligence du texte et des argumens à la tête de chaque psaume, précédée d'un Discours sur l'esprit des livres saints et le style des prophètes, par *La Harpe*, 1 volume in-12. 1 f. 75 c. p. 3 f.

PUCELLE D'ORLÉANS (la), par *Voltaire*, 1 v. in-12, *Paris*, 1812. 2 f. p. 3 f.
— *Le même ouvrage*, 2 vol. in-12, ornés de 26 fig. 4 f. p. 6 f.

QUINTILIEN, de l'Institution de l'Orateur, traduit par l'abbé *Gédoyn*, nouvelle édition avec le texte latin, 6 vol. in-12. *Lyon*, 1812. 12 f. p. 18 f.
— *Le même ouvrage*, 6 vol. in-8, *Paris*, 1810. 24 f. p. 36 f.

RECHERCHES PHILOSOPHIQUES sur l'origine de la pitié et divers autres sujets de morale, par le baron *de Bock*. 1 volume in-12. *Paris*, 1787. 1 f. 50 c. p. 2 f. 50 c.

RECHERCHES philosophiques sur la preuve du christianisme, 2e édition, où se trouvent des additions sur l'existence de Dieu, etc., par *Bonnet*. *Amsterdam*, 1783, 1 vol. in-8. 3 f. p. 5 f.

RECHERCHES historiques et politiques sur les États-Unis de l'Amérique, par *Condorcet*. *Paris*, 1788, 4 vol. in-8. 10 f. p. 16 f.

RECHERCHES historiques sur la connaissance que les anciens avaient de l'Inde, et sur les progrès du commerce avec cette partie du monde, suivies d'observations sur les lois et les formalités judiciaires, les arts, les sciences et les institutions religieuses des Indiens, etc., par *Robertson*, 1 fort vol. in-12, orné de 2 grandes cartes. *Amsterdam*, 1792. 1 f. 75 c. p. 3 f.

RÉCRÉATIONS D'EUGÉNIE (les), contes propres à former le cœur et à développer la raison des enfans, par Mme de *Renneville*, 2e édition, 1 v. in-18, orné de jolies grav. *Paris*, 1820. 1 f. p. 1 f. 50 c.

RÉGLEMENT concernant l'Exercice et les Manœuvres de l'infanterie, 2 vol. in-12, dont un de planches. 3 f. 50 c. p. 5 f.

RETOUR DES VENDANGES (le), contes variés à la portée des enfans de différens âges, par Mme de *Renneville*, 4 vol. in-18, ornés de 20 jolies gravures. 4 f. p. 6 f.

RHÉTORIQUE FRANÇAISE, par *Crévier*, 2 vol. in-12. *Avignon*, 1812. 3 f. p. 4 f. 50 c.

RHÉTORIQUE FRANÇAISE à l'usage des maisons d'éducation de l'un et de l'autre sexe, avec des exemples tirés pour la plupart de nos meilleurs orateurs et poëtes modernes, 1 vol in-12, bonne édition, 1822. 1 f. 50 c. p. 2 f. 50 c.

RICHESSE DES NATIONS (Recherches sur la nature et les causes de la), traduit de l'anglais de *Smith*, par *Blavet*, 4 v. in-8. *Paris*, 1800. 10 f. p. 20 f.

ROLAND FURIEUX, traduit en français, 4 forts v. petit in-12, belle édition. *Paris, Barrois*, 1775. 4 f. p. 8 f.

ROLAND FURIEUX, poëme héroïque de l'*Arioste*, trad. par le comte *de Tressan*, 6 vol. in-18, jolie édit. ornée de 6 gravures. *Paris*, 1818. 6 f. p. 9 f.

ROMAN COMIQUE, par *Scarron*, 4 vol. in-12. *Paris*, 1821. 6 f. 50 c. p. 10 f.

ROULETTE (la), ou Lettres d'un joueur. par *Lablée*. 1 vol. in-12, fig. *Paris*, 1812. 1 f. 25 c. p. 2 f.

RUSES DES FILOUX (les) et des Escrocs dévoilées, 2 v. in-12, avec fig. *Paris*, 1811. 2 f. 50 c. p. 4 f.

SAISONS (les), poëme par *Saint-Lambert*, 1 vol. in-18. *Lyon*, 1817. 1 f. p. 1 f. 50 c.

SANDFORD ET MERTON, par *Berquin*, nouvelle édition, ornée de 2 figures, 1 vol. in-12. *Paris*, 1821. 2 f. p. 3 f.

SATIRES D'HORACE, traduites en vers français avec le texte en regard, par *L.-V. Raoul*, professeur à l'université de Gand, 1 v. in-8, 1818. 4 f. 50 c. p. 6 f.

SATIRES DE JUVÉNAL, traduites en vers français, avec le texte en regard, par *le même*, 1 vol. in-8, 1818. 4 f. 50 c. p. 6 f.

SECRÉTAIRE (le nouveau) universel, ou le code épistolaire, par *Cuisin*, 1 gros volume in-12, orné d'une figure, *Paris*, 1824. 3 f. 25 c. p. 5 f.

SECRETS concernant les arts et métiers, nouvelle édition, revue et augmentée, 2 vol. in-12. *Lyon*, 1819. 3 f. p. 4 f. 50 c.

SECRETS concernant les arts et métiers. 1 vol. in-18. *Lons-le-Saulnier.* 80 c. p. 1 f. 25 c.

SECRETS DU PETIT ALBERT, avec fig. en bois. 1 vol. in-18, *Lyon.* 80 c. p. 1 f. 25 c.

SIÈCLE DE LOUIS XIV, par *Voltaire*. 3 vol. in-18, grand-raisin. *Paris*, 1822. 6 f. p. 9 f.

SIX MOIS A PARIS, ou le Guide sentimental de la jeunesse dans la société, 1 vol. in-12, orné de six jolies gravures. *Paris*, 1822. 2 f. p. 3 f.

SIX NOUVELLES (les), par *Arnault*, 2 vol. in-12. *Paris*, 1821. 3 f. p. 5 f.

SOIRÉES (les) sous le vieux tilleul, ou petit Cours de morale en exemples, et Choix d'historiettes destinées à l'amusement et à l'instruction de la jeunesse, par M. *Breton*, 2 vol. in-18, ornés de 2 fig. *Paris*, 1821. 2 f. p. 3 f.

SOLITAIRE ANGLAIS (le), ou Aventures merveilleuses de Philippe Quarle. 2 volumes in-18. *Paris.* 1 f. 20 c. p. 1 f. 80 c.

STATISTIQUE élémentaire de la France, par *Peuchet*, 1 v. in-8, 1805. 4 f. p. 7 f.

SYLPHIDE (la), ou l'Ange gardien; nouvelle traduction de l'anglais, par l'auteur de Caroline de Litchefield. 1 volume in-18, figure. *Paris*, 1796. 1 f. p. 1 f. 50 c.

SYSTEMA VEGETABILIUM Caroli Linnæi, 2 gros vol. in-8 de 800 pages chacun. 7 f. p. 12 f.

SYSTÈME DE LA NATURE, ou des lois du monde physique et du monde moral, par le baron *d'Holbach*, nouvelle édition, avec des notes et des commentaires, par *Diderot*. *Paris*, 1821, 2 volumes in-8. 8 f. p. 12 f.

TABLEAU de la Haute-Italie et des Alpes qui l'entourent, par *Denina*, 1 v. in-8. 3 f. p. 5 f.

TABLEAU de l'histoire des Provinces-Unies, 10 vol. in-12. 12 f. p. 20 f.

TABLEAU de l'Amour conjugal, nouvelle édition. *Paris*, 1814, 2 v. in-12 avec fig. 3 f. 50 c. p. 5 f.
— *Le même ouvrage*, 4 volumes in-18, avec figures. 2 f. 50 c. p. 4 f.

TABLEAU DE L'ENFANCE, par madame *de Renneville*, 1 v. in-18, fig. *Paris*, 1819. 1 f. p. 1 f. 50 c.

TABLEAU HISTORIQUE des monumens, coutumes et usages des Français, 1 vol. in-12, orné de dix planches, représentant la collection des portraits de nos Rois depuis Clovis, et 80 sujets curieux. 1 vol. in-12. *Paris*, 1822. 2 f. 75 c. p. 6 f.

TABLEAU et description de la Russie, avec les mœurs, usages, coutumes et religions de ses divers peuples. 1 vol. in-18, orné de 7 figures. *Paris*, 1813. 1 f. p. 1 f. 50 c.

TABLEAU des Exercices et de l'Enseignement en usage dans un pensionnat de jeunes demoiselles, par *Caillot*, 2 vol. in-12, ornés de 10 jolies fig. *Paris*, 1816. 5 f. p. 7 f. 50 c.

TABLEAU HISTORIQUE de la Littérature française, depuis 1789, par M. *J. Chénier*, 1 vol. in-18, *Paris*, 1821. 2 f. 25 c. p. 3 f.

THÉATRE CHOISI DE FAVART, jolie édition, 3 v. in-8, portrait. 10 f. p. 18 f.

THÉATRE DE J. RACINE, avec les Commentaires de *La Harpe*, 5 vol. in-8, avec 12 fig. et portrait d'après les dessins de *Moreau*. 13 f. p. 20 f.

THÉATRE DE SOPHOCLE, traduit en entier, avec un Examen de chaque pièce, précédé de la Vie de Sophocle, 3 vol. in-18, 1810. 2 f. 50 c. p. 3 f. 75 c.

THÉATRE pour servir à l'Éducation, par Mme *de Genlis*, 5 vol. in-12. *Paris*, 1785. 7 f. 50 c. p. 12 f. 50 c.

THÉATRE DE JEAN RACINE, précédé de la vie de l'auteur, 3 vol. in-18. *Paris*, 1823. 2 f. 50 c. p. 3 f. 75 c.

THÉATRE DE VOLTAIRE, 7 vol. in-18, grand-raisin. *Paris*, 1822. 14 f. p. 21 f.

THÉATRE, à l'usage des colléges, des écoles royales militaires et des pensions particulières, 2 vol. in-12. *Paris.* 3 f. p. 5 f.

THÉATRE DE REGNARD, 3 vol. in-12. 4 f. p. 7 f.

THÉATRE DE SÉRAPHIN, ou Entretiens d'une mère de famille avec ses enfans. 2 vol. in-18, avec dix figures. *Paris*, 1809. 2 f. p. 3 f.

TOM-JONES, ou l'Enfant trouvé, imitation de l'anglais, par *Fieldeing*, 4 vol. in-18, ornés de 4 figures, *Paris*, 1823.   4 f. p. 6 f.

TRAITÉ raisonné de Distillation, par *Dejean, Paris*, 1821, 2 vol. in-12.   3 f. p. 4 f. 50 c.

TRAITÉ de la Culture des Pêches par *de Combles*, 1 vol. in-12, *Paris*, 1821.   1 f. p. 1 f. 50 c.

TRAITÉ pratique et théorique sur la culture de la Vigne, avec l'Art de faire le Vin, les Eaux-de-Vie, Vinaigres, etc., par *Roard. Paris*, 1806, 1 vol. in-8.   3 f. p. 4 f.

TRAITÉ COMPLET sur les Abeilles, avec une méthode nouvelle de les gouverner, par M. l'abbé *Della Rocca*, 3 v. in-8, fig.   8 f. p. 12 f.

TRAITÉ DES ÉTUDES (nouveau), pour un jeune homme, 1 vol. in-8, bonne édition. *Paris*, 1802.   3 f. 50 c. p. 5 f.

TRAITÉ DES ÉTUDES, ou de la Manière d'enseigner les Belles-Lettres, par *Rollin*, 4 vol. in-12, 1809.   7 f. p. 12 f.

TRAITÉ ÉLÉMENTAIRE d'Ornithologie, par M. *Fontenille*, professeur d'histoire naturelle à l'académie de Lyon, 3 v. in-8.   7 f. p. 12 f.

TRAITÉ des Obligations, par *Pothier*, 1 fort vol. in-8 de 716 pages. *Paris*, 1818.   5 f. p. 7 f. 50 c.

TRAITÉS divers sur les successions, *par le même*, 2 vol. in-8. *Paris*, 1812.   7 f. p. 10 f.

TRAITÉ du Contrat de change, *par le même*, 2 vol. in-8. *Paris*, 1809.   3 f. 50 c. p. 5 f.

TRAITÉ du Contrat de mariage, *par le même*, 2 vol. in-8. *Paris*, 1813.   7 f. p. 10 f.

TRAITÉ du Contrat de vente, *par le même*, 1 vol. in-8. *Paris*, 1820.   4 f. p. 6 f.

TRAITÉ du Contrat de louage, *par le même*, 1 vol. in-8. *Paris*, 1820.   4 f. p. 6 f.

TRAITÉ des Contrats de bienfaisance, *par le même*, 2 vol. in-8. *Paris*, 1807.   7 f. p. 10 f.

TRAITÉ sur les Donations entre vifs, donations par contrat de mariage entre époux, etc., *par le même*, 2 vol. in-8. *Paris*, 1810.   7 f. p. 10 f.

TRAITÉ de la Communauté, précédé d'un Traité de la Puissance du mari sur la personne et les biens de la femme, *par le même*, avec des additions tirées du Code civil, 2 vol. in-8. *Paris*, 1819.   8 f. p. 12 f.

TRÉSOR DE LA JEUNESSE (le), contenant un précis des connaissances propres à orner la mémoire et à former le goût, etc., 2 v. in-12, ornés de 2 jolies figures. *Paris*, 1817.   3 f. 50 c. p. 6 f.

TRÉSOR (le) DES ENFANS, par *Blanchard*, 1 vol. in-18. *Paris*.   80 c. p. 1 f. 25 c.

TROPES (des), ou des différens sens où l'on peut prendre un même mot dans une même langue, par *Dumarsais*, 1 volume in-12.   1 f. p. 1 f. 50 c.

TUSCULANES DE CICÉRON, par *Bouhier* et *d'Olivet*, français-latin, 2 v. in-12. *Nismes*, 1812. 2 f. 75 c.   p. 4 f. 50 c.

WERTHER, traduit de l'allemand, 1 vol. in-12, belle édition.   1 f. 50 c. p. 2 f.

WERTHER, traduit de l'allemand sur une nouvelle édition, augmentée par l'auteur de douze lettres et d'une partie historique entièrement neuve, par *C.-L. Sevelinges*, 1 vol. in-8, orné d'un beau portrait de Werther, par *Boilly. Paris*, 1804. 5 f. p. 6 f.

VERTUS, ESPRIT ET GRANDEUR DE LOUIS XVI, par *Demonville*, 1 volume in-12. *Paris*, 1817.   1 f. 50 c. p. 2 f. 25 c.

VERTUS DU CHRISTIANISME (les), ou Recueil de Traits sublimes inspirés par la religion, suivi d'une Notice historique sur la captivité de Pie VII, par *Gassier*, 2e édition. *Paris*, 1822, 1 vol. in-12, orné de 4 gravures.   2 f. p. 3 f.

VICOMTE DE BARJAC (le), ou Mémoires pour servir à l'histoire de ce siècle, 2 vol. in-18. *Dublin*, 1784.   2 f. p. 3 f.

VICTOR ET ÉMILIE, poëme en 4 chants, suivi de poésies diverses, par *Richet*, 1 volume in-18.   80 c. p. 1 f. 25 c.

VIE POLITIQUE de Louis-Philippe-Joseph duc d'Orléans, 1 v. in-12, portrait. *Paris*, 1802. 1 f. 50 c. p. 2 f. 50 c.

VIE PRIVÉE DE LOUIS XV, ou Principaux événemens, particularités et anecdotes de son règne, 4 vol. in-12, avec 4 portraits. *Londres*, 1785.   6 f. p. 10 f.

VIE DU DAUPHIN, père de Louis XVI, par l'abbé *Proyart*, 1 v. in-12. *Paris*, 1821.   1 f. 75 c. p. 2 f. 50 c.

VIE PRIVÉE et publique de Louis XVI, 2 vol. in-18. *Avignon*, 1814.   1 f. p. 1 f. 50 c.

VIE DE LAMOIGNON-MALESHERBES, ancien ministre d'état, etc., 1 vol. in-12, portrait. *Paris*, 1802.   1 f. 75 c. p. 2 f. 50 c.

VIE ET AMOURS du chevalier de Faublas, par *Louvet de Couvray*, nouvelle édition, précédée d'une Notice sur Louvet par M***, imprimée avec soin par M. *Firmin-Didot*, sur papier fin satiné, et orné de huit belles gravures, dessinées par *Collin*, élève de Girodet, 4 v. in-8°. *Paris*, 1821. 20 f. p. 25 f.

VIE ET PONTIFICAT DE LÉON X, par *William Roscoë*, trad. de l'anglais par *Henry*, seconde édition, 4 vol. in-8 ornés du portrait de Léon X et d'un grand nombre de médailles.   18 f. p. 25 f.

VIE DE VOLTAIRE, par *Condorcet*, suivie des Mémoires de Voltaire écrits par lui-même. *Kehl*, 1787, 1 v. in-8, bonne édition.   3 f. 50 c. p. 5 f.

VIES DES ENFANS CÉLÈBRES, ou Modèles du jeune âge, par M. *Fréville*, nouvelle édit. *Paris*, 1818, 2 vol. in-12, avec fig.   3 f. 50 c. p. 5 f.

VOYAGE DU JEUNE ANACHARSIS EN GRÈCE, avec les notes et les tables, par *Barthélemy*, 7 vol. in-12, belle édition. *Paris*, 1819.   16 f. p. 24 f.
— *Le même ouvrage*, avec un bel atlas in-4.   20 f. p. 30 f.
— *Le même ouvrage*, 7 vol. in-18.   11 f. p. 16 f.
— Avec atlas, in-4.   15 f. p. 21 f.
— L'atlas séparément.   5 f. p. 9 f.

VOYAGE du jeune Anacharsis en Grèce, par l'abbé *Barthélemy*, 7 vol. in-8, édit. classiq., à l'usage des maisons d'éducation, ornée d'un atlas in-fol., par *Barbier du Bocage. Paris*, Delalain, 1807. 17 f. 50 c. p. 28 f.

VOYAGE DE SAMUEL HEARN dans la baie de Hudson, à l'Océan du Nord, etc. 2 vol. in-8 et atlas. 9 f. p. 15 f.

VOYAGES DE GULLIVER, trad. de l'anglais de Swift, par *Desfontaines*, suivis du Nouveau Gulliver, 4 vol. in-18 ornés de 12 jolies fig. *Paris*, 1822, 4 f. p. 6 f.

VOYAGES DANS L'EMPIRE OTTOMAN, l'Égypte et la Perse, faits par ordre du gouvernement pendant les six premières années de la république, par *G. A. Olivier*, 6 vol. in-8, avec atlas in-4, composé de 50 cartes et figures. 24 f. p. 48 f.

— *Le même ouvrage*, 3 vol. in-4, avec le même atlas. 24 f. p. 48 f.

VOYAGE en Chine et en Tartarie, par lord *Makartnay*, traduit de l'anglais par M. *Breton*, 7 vol. in-18, dont 1 vol. d'atlas. 12 f. p. 18 f.

VOYAGE dans l'intérieur de l'Afrique, par *Horneman*, 1 vol. in-8°. *Paris*, 1802. 3 f. p. 5 f.

VOYAGE en Palestine, en Syrie et en Egypte, 1 vol. in-8°, orné d'une carte géographique et de cinq fig. *Paris*, 1820. 4 f. 25 c. p. 6 f. 50 c.

VOYAGES aux environs de Paris, par *J. Delort*, 2 vol. in-8°, ornés de 4 gravures, de 25 *fac simile*, et d'une carte géographique. *Paris*, 1821. 9 f. p. 13 f.

VOYAGE dans la Vendée et dans le Midi de la France, suivi d'un Voyage pittoresque dans quelques cantons de la Suisse, par M. *Eugène de Genoude*, chevalier de Saint-Maurice et de Saint-Lazare, 2e édit., 1 v. in-8°. *Paris*, 1821. 4 f. p. 5 f.

VOYAGES EN FRANCE et autres pays, en prose et en vers, par *Chapelle et Bachaumont*, *Bertin*, *Boufflers*, *Bernardin de Saint-Pierre*, *Racine*, *Voltaire*, *Parny*, *Piron*, *Gresset*, *Fléchier*, etc., etc. *Paris*, 1818, 5 vol. in-18, ornés de 36 jolies fig. 10 f. p. 15 f.

VOYAGES EN FRANCE et pays circonvoisins, ou Voyages d'un Français depuis 1775 jusqu'en 1807, 4 vol. in-8, ornés de 32 jolies figures, représentant 32 ports de mer de France. *Paris*, 1817. 20 f. p. 28 f.

VOYAGEUR (le) universel, ou observations sur les divers peuples de la terre, par *B. Lémerie*, 4 vol. in-12, ornés de 150 figures, *Paris*, 1823. 10 f. p. 15 f.

PIÉTÉ ET THÉOLOGIE.

LIVRES DE FONDS.

ABRÉGÉ DE LA VIE ET DES RÉVÉLATIONS DE LA SOEUR DE LA NATIVITÉ, contenant textuellement tout ce qu'elle a fait écrire de plus essentiel, et précédé d'une Réfutation des critiques de cet ouvrage, 2 vol. in-12, portrait. *Paris*, 1821. 4 f. p. 6 f.

ABRÉGÉ DES VIES DES SAINTES FEMMES, des martyres et des vierges, pour tous les jours de l'année, tirées des auteurs les plus célèbres et des monumens les plus authentiques, 2 vol. in-12, pouvant faire suite à l'Abrégé des vies des Pères et des Martyrs, par *Godescard*, orné de 3 gravures représentant 18 sujets. *Paris*, 1822. 5 f. 50 c. p. 8 f.

ADÉLAIDE DE WITSBURY, ou la pieuse Pensionnaire, avec sa Retraite spirituelle de huit jours, par le R. P. *Michel-Ange Marin*, religieux minime, 1 vol. in-12, jolie édit., 1821. 1 f. 50 c. p. 2 f. 50 c.

AME ÉLEVÉE A DIEU, suivie de l'Ame pénitente, ou le Nouveau Pensez-y-bien, par *Baudrand*, 1 vol. in-12, bonne édition. 1 f. 50 c. p. 2 f. 50 c.

BIBLE SAINTE (la), en latin et en français avec un commentaire littéral, par le R. P. *Carrière*, prêtre de l'Oratoire de Jésus, 10 gros volumes in-12, papier ordinaire. 25 f. p. 40 f.

— *Le même ouvrage*, papier plus beau. 30 f. p. 45 f.

— *Le même ouvrage*, papier vélin. 45 f. p. 60 f.

BIBLE DE ROYAUMONT, avec des Explications édifiantes tirées des saints Pères, pour régler les mœurs dans toutes sortes de conditions, bonne édition, 1 vol. in-12. 1 f. 50 c. p. 2 f. 50 c.

BOSSUET, œuvres choisies, 22 vol. in-12. *Paris*, 1822. 44 f. p. 66 f.

CANTIQUES DE SAINT-SULPICE, ou Opuscules lyriques sur différens sujets de piété, à l'usage des catéchismes et des missions, nouvelle et jolie édition plus complète que toutes les précédentes, ornée d'une jolie figure en taille-douce, 1 vol. in-18. *Paris*, 1824. 1 f. p. 1 f. 50 c.

— *Le même ouvrage*, avec une Collection des airs notés pour chaque cantique, gravée avec soin, 1 vol. in-18. *Paris*, 1824. 1 f. 50 c. p. 2 f. 50 c.

— *Le même ouvrage*, même édition, 1 vol. in-12, sans les airs notés. f. 60 p. 2 f. 50 c.

— Avec les airs notés. 2 f. p. 3 f.

CATÉCHISME HISTORIQUE, contenant en abrégé l'Histoire sainte et la Doctrine chrétienne, par l'abbé *Fleury*, prêtre, prieur d'Argenteuil et confesseur du roi, 1 vol. in-12. *Paris*. 1 f. 50 c. p. 2 f. 50 c.

CONNAISSANCE DE JÉSUS-CHRIST (de la), considéré dans ses mystères et dans ses différentes qualités , ou Rapports avec Dieu son père, avec ce monde visible, avec les hommes dans leurs différens états, et avec les bienheureux dans le ciel , avec des élévations sur chaque mystère de Jésus-Christ, et sur chacune de ses qualités , 2 forts vol. in-12. *Paris* , 1822. 4 f. p. 6 f.

CONVERSATIONS sur plusieurs sujets de morale, à l'usage des dames de Saint-Cyr, 1 volume in-12, 1819. 1 f. 5o c. p. 2 f. 5o c.

DIEU PRÉSENT PARTOUT, par *H. - M. Boudon*, 1 vol. in-24, jolie édition, papier fin , gros-caractère. *Paris* , 1823. 4o c. p. 75 c.

DOCTRINE CHRÉTIENNE en forme de lecture de piété, à l'usage des maisons d'éducation et des familles chrétiennes, par *Lhomond*, 1 volume in-12, bonne édition. 1 f. 5o c. p. 2 f. 5o c.

ÉCOLIER VERTUEUX (l'), ou Vie édifiante d'un écolier de l'Université de Paris, suivie de la vie du duc de Bourgogne , par l'abbé *Proyart*, 1 volume in-18 , jolie édition , ornée d'un portrait. *Paris* , 1822. 1 f. p. 1 f. 5o c.

ÉPITRES ET ÉVANGILES des dimanches et fêtes de l'année , de l'Avent, du Carême et des autres grandes féries, avec des réflexions, la messe, les vêpres, etc., 1 vol. in-12, bonne édition. 1 f. 5o c. p. 2 f. 5o c.

ÉPITRES ET ÉVANGILES pour les dimanches et fêtes de l'année, précédées des prières du matin et du soir, des prières durant la messe, des répons de la messe, suivies des vêpres et complies du dimanche , en latin et en français, pour les écoles, 1 vol. in-18. *Paris.* 5o c. p. 75 c.

ÉTRENNES SPIRITUELLES (nouvelles), contenant les vêpres de toute l'année et les messes des principales fêtes , en latin et en français, nouvelle et jolie édition , augmentée de prières et de méditation , et ornée de 4 jolies gravures, 1 fort vol. in-24. *Paris* , 1822. 1 f. 25 c. p. 2 f.

ÉTRENNES SPIRITUELES , contenant l'office des dimanches et fêtes, en latin et en français, édition ornée de 6 jolies fig , 1 vol. in-32. *Paris*, 1824. 1 f. p. 1 f. 5o c.

ÉTRENNES SPIRITUELLES (nouvelles), contenant des Pensées chrétiennes pour tous les jours du mois, le Renouvellement des vœux du Baptème, l'Abrégé de la Doctrine chrétienne, par l'abbé *de la Hogue*, nouvelle édition suivie de la Consécration de la France au sacré cœur de Jésus, de diverses autres prières, et augmentée de la messe du mariage, 1 vol. in-24. *Paris*, 1822. 90 c. p. 1 f. 5o c.

EUCOLOGE , ou LIVRE D'ÉGLISE à l'usage de Paris, en latin et en français, 1 volume in-18. *Paris* , 1821. 1 f. 5o c. p. 2 f. 5o c.

— *Le même ouvrage* , orné de 8 jolies figures, 1 vol. in-18. 2 f. 5o c. p. 3 f. 5o c.
— *Le même ouvrage* , tout latin , 1 vol. in-24. *Paris* , 1821. 1 f. p. 1 f. 5o c.
— *Le même ouvrage* , orné de 6 jolies gravures , 1 vol. in-24. *Paris* , 1821. 1 f. 75 c p. 2 f. 5o c.

EXERCICES DE PIÉTÉ pour tous les jours de l'année, par le père *Croiset*, 18 volumes in-12. *Lyon* , 1804. 27 f. p. 45 f.

EXPLICATION DU CATÉCHISME , à l'usage des curés, des vicaires, des pères, des mères et de tous les fidèles ; 1 vol. in-18. *Paris*, 1823. 1 f. p. 1 f. 5o c.

FORMULAIRE DE PRIÈRES CHRÉTIENNES , à l'usage des Pensionnaires des religieuses Ursulines, nouvelle et bonne édit., conforme en tout à celle de *Caen*, et augmentée de la Vie de saint Angèle, 1 vol. in-12. *Paris*, 1824. 1 f. 75 c. p. 3 f.
— *Le même ouvrage*, imprimé sur papier fin , et orné d'une fig. en taille-douce. 2 f. 5o c. p. 3 f. 5o c.
— *Le même ouvrage*, imprimé à un petit nombre d'exemplaires sur papier vélin. 3 f. p. 5 f.

GRADUEL DE PARIS , noté pour les dimanches et les fêtes de l'année, 1 fort vol. in-12 de 900 pages, bonne édition. *Paris*, 1822. 4 f. 25 c. p. 6 f.

HELVIENNES (les), ou Lettres provinciales philosophiques, par l'abbé *Barruel*, 6ᵉ édition augmentée d'une Notice sur *Barruel*, 4 vol. in-12. *Paris* , 1823. 10 f. p. 12 f.

HEURES NOUVELLES dites HEURES AUX AVEUGLES , ou Recueil de prières les plus propres à inspirer de la dévotion , 1 vol. in-12, bonne édition, 1823. 1 f. 5o c. p. 2 f. 5o c.

HEURES DES DAMES, contenant l'Office des dimanches et fêtes, en latin et en français , nouvelle édition ornée de 6 jolies gravures. 1 vol. in-32. *Paris*, 1824. 1 f. p. 1 f. 5o c.

HEURES DE COUR, contenant l'office des dimanches et fêtes , en latin et en français, nouvelle édit., ornée de 6 jolies figures, 1 vol. in-32. *Paris*, 1824. 1 f. p. 1 f. 5o c.

HISTOIRE ABRÉGÉE DE L'ANCIEN TESTAMENT , avec la Vie de Jésus-Christ, 1 vol. in-12. *Paris*, 1822. 90 c. p. 1 f. 5o c.

HISTOIRE SAINTE à l'usage de la Jeunesse, depuis le commencement du monde jusqu'à la destruction de Jérusalem, contenant l'histoire de l'ancien et du nouveau Testament, par *Propiac*, 2 vol. in-12, ornés de figures. *Paris*, 1822. 4 f. p. 6 f.

HISTOIRES ET PARABOLES du père Bonaventure Giraudeau, 1 vol. in-18, jolie édition. *Paris*, 1821.
85 c. p. 1 f. 50 c.
— *Le même ouvrage*, orné de 10 jolies figures et d'un titre gravé, 1 vol. in-18. *Paris*, 1823. 1 f. p. 1 f. 75 c.

HISTOIRES ET PARABOLES (nouvelles), par *Champion de Nilon*, prêtre, auteur du Catéchisme pratique, 1 vol. in-18, jolie édition. *Paris*, 1821. 85 c. p. 1 f. 50 c.
— *Le même ouvrage*, orné de 10 jolies figures et d'un titre gravé, 1 vol. in-18. *Paris*, 1823. 1 f. p. 1 f. 75 c.

IMITATION DE JÉSUS-CHRIST, avec une pratique et une prière à la fin de chaque chapitre, par *Gonnelieu*, 1 vol. in-12, bonne édition. *Paris*, 1823. 1 f. 75 c. p. 2 f. 50 c.

IMITATION DE LA TRÈS-SAINTE-VIERGE, sur le modèle de l'Imitation de Jésus-Christ, par M. l'abbé ***. bonne édit. , 1 vol. in-12 ; caractère cicéro, 1822. 1 f. 75 c. p. 2 f. 50 c.

IMITATION DE LA TRÈS-SAINTE-VIERGE, sur le modèle de l'Imitation de Jésus-Christ, par M. l'abbé ***, bonne édition, 1 vol. in-18, 1822. 1 f. p. 1 f. 50 c.
— *Le même ouvrage*, sur papier vélin, 1 vol. in-18, jolie édition, ornée de 2 belles gravures. *Paris*, 1822.
2 f. p. 3 f.

INSTRUCTION SUR LE CHEMIN DE LA CROIX, avec les Pratiques de cette dévotion, dédiée à la très-Sainte-Vierge, augmentée des Oraisons sur les sept stations de la Passion, de Prières pendant la messe, et des vêpres du dimanche, 1 vol. in-18 de 178 pages. *Paris*, 1821. 50 c. p. 75 c.

JOURNÉE DU CHRÉTIEN, sanctifiée par la prière et la méditation, augmentée du Renouvellement des vœux du baptême, de l'Abrégé de la doctrine chrétienne, par l'abbé *de la Hogue*, des Prières pour la confirmation, etc., nouvelle édition, suivie de la Consécration de la France au sacré cœur de Jésus, de diverses autres prières, et augmentée de la Messe du Mariage, 1 vol. in-24, jolie édition. *Paris*, 1821.
70 c. p. 1 f. 25 c.
— *Le même ouvrage*, orné de 4 jolies figures et d'un titre gravé exécutés avec soin. 1 f. p. 1 f. 50 c.

JOURNÉE DU CHRÉTIEN (la) sanctifiée par la prière et la méditation, nouvelle édition augmentée d'un Abrégé de la Doctrine chrétienne, par M. l'abbé *de la Hogue*, de l'Office du dimanche et des principales fêtes de l'année, latin-français, etc., 1 vol. in-18, bonne édition, 1822. 1 f. p. 1 f. 50 c.
— *Le même ouvrage*, orné de 4 jolies vignettes et titre gravé. 1 f. 40 c. p. 2 f.

MÉDITATIONS sur les principales Vérités chrétiennes et ecclésiastiques, pour les dimanches, fêtes et autres jours de l'année, à l'usage du clergé et des séminaires de France, par *Beuvelet*, 5 vol. in-12 , 1819.
7 f. 50 c. p. 12 f. 50 c.

MÉTHODE POUR LA DIRECTION DES AMES dans le tribunal de la pénitence et le bon gouvernement des paroisses, par *Boichard*, bonne édition, 2 vol. in-12. *Paris*, 1823. 3 f. p. 5 f.

MODÈLE DU CLERGÉ , ou Vies édifiantes de MM. *Frétat de Sarra*, évêque de Nantes, *Boursoul*, prêtre, *Beurier*, prêtre de la congrégation des Eudistes, *Joseph Morel de Lamotte*, chanoine de l'église de Rennes, par l'abbé *Carron*, deuxième édition, augmentée d'une Notice sur la vie et les écrits de l'auteur, 2 vol. in-12. *Paris*, 1823. 3 f. 50 c. p. 4 f. 50 c.

MOIS DE MARIE (le), ou le Mois de mai, consacré à la mère de Dieu, suite de méditations, de prières et d'exemples à l'honneur de la Sainte-Vierge , par *F. La-Lomia*, missionnaire, ouvrage traduit de l'italien, dédié à Mme Louise de France, 1 vol. in-32, jolie édition. *Paris*, 1822. 45 c. p. 75 c.

Nota. Cette édition, augmentée de la manière d'entendre la messe, de prières, oraisons, etc., est une des plus complètes qui aient été publiées jusqu'à ce jour.

MORCEAUX CHOISIS DE FÉNÉLON, ou Recueil de ce que cet écrivain a de plus remarquable sous le rapport de la morale et du style, ouvrage propre à inspirer à la jeunesse le goût des vertus et des lettres, par M. l'abbé *Rolland*; précédé d'un Éloge de Fénélon, par *La Harpe*, et du jugement du cardinal de *Beausset* sur Fénélon, considéré comme écrivain, 1 vol. in-18, orné d'un joli portrait. *Paris*, 1823. 1 f. 20 c. p. 1 f. 80 c.

MORCEAUX CHOISIS DE BOSSUET, etc., par l'abbé *Rolland*, précédés d'une Notice par *Feller*, et du jugement du cardinal Maury et de M. de Châteaubriand sur cet orateur, 1 vol. in-18, orné d'un joli portrait. *Paris*, 1823. 1 f. 20 c. p. 1 f. 80 c.

MORCEAUX CHOISIS DE BOURDALOUE, etc., par l'abbé *Rolland*, précédés d'une Notice sur Bourdaloue, par *Feller*, et du jugement du cardinal Maury sur cet orateur, 1 vol. in-18, orné d'un joli portrait. *Paris*, 1823. 1 f. 20 c. p. 1 f. 80 c

MORCEAUX CHOISIS DE MASSILLON, etc., par l'abbé *Rolland*, précédés d'une Notice sur Massillon, par *Feller*, et du jugement de divers écrivains sur cet orateur, 1 vol. in-18, orné d'un joli portrait. *Paris*, 1823. 1 f. 20 c. p. 1 f. 80 c.

MORCEAUX CHOISIS DE BUFFON, 1 vol. in-18, orné de 60 jolies figures et d'un titre gravé. *Paris*, 1823.
1 f. 75 c. p. 2 f. 50 c.

Les cinq Recueils ci-dessus existent déjà à peu près sous le même titre; mais nous croyons que ceux que nous offrons au public sont plus complets et plus variés; il suffira pour s'en convaincre de comparer les tables. L'exécution typographique est aussi belle qu'on peut le désirer dans cette sorte d'ouvrage.

MORCEAUX CHOISIS DE FLÉCHIER, etc., par l'abbé *Rolland*, précédés d'une Notice sur la vie de Fléchier, par *Feller*, 1 vol. in-18, orné d'un joli portrait. *Paris*, 1824.
1 f. 25 c. p. 2 f.

MORCEAUX CHOISIS DE FLEURY, etc., par l'abbé *Rolland*, précédés d'une Notice sur la vie de Fleury, par *Feller*, 1 vol. in-18, orné d'un joli portrait. *Paris*, 1824.
1. f. 25 c. p. 2 f.

MORCEAUX CHOISIS DE BAUDRAND, etc., précédés d'une Notice sur Baudrand, par *Feller*, 1 vol. in-18, orné d'un joli portrait. *Paris*, 1823.
1 f. 25 c. p. 2 f.

Nota. Il n'a pas encore été publié de Morceaux choisis de ces trois écrivains; ceux-ci ont été faits avec jugement, et contiennent leurs plus belles pensées.

OEUVRES DE FRANÇOIS DE SALIGNAC DE LA MOTHE FÉNÉLON, archevêque de Cambrai, 10 vol. in-8, bien imprimés, sur papier fin d'Auvergne, et ornés d'un beau portrait de Fénélon, nouvelle édition mise dans un nouvel ordre, revue et corrigée avec le plus grand soin, précédée d'un Essai sur la personne et les écrits de Fénélon, et suivie de son Éloge historique, par *La Harpe*. *Paris*, 1822.
40 f. p. 60 f.

— LE MÊME OUVRAGE, 10 vol. in-12, avec le portrait.
20 f. p. 30 f.

OEUVRES SPIRITUELLES DE FÉNÉLON, nouvelle édition à laquelle on a joint la Démonstration de l'existence de Dieu et ses Lettres sur la religion, 4 vol. in-12. *Paris*, 1821.
8 f. p. 12 f.

OEUVRES COMPLÈTES DE MASSILLON, 15 vol. in-12, nouvelle et jolie édition, imprimée en caractère cicéro neuf, interligné, sur beau papier. *Paris*, 1822.
27 f. p. 45 f.

OFFICE DIVIN (l') à l'usage de Rome, pour les dimanches et fêtes de l'année, 1 gros vol. in-12, bonne édition. *Paris*, 1822.
1 f. 75 c. p. 3 f.

PARFAIT MODÈLE (le), ou VIE DE BERCHMANS, écolier vertueux, 1 vol. in-18, orné d'un joli portrait. *Paris*, 1824.
1 f. p. 1 f. 50 c.

PARFAITE RELIGIEUSE (la) : ouvrage également utile à toutes les personnes qui aspirent à la perfection, par le R. P. *Michel-Ange-Marin*, 1 vol. in-12, 1821.
1 f. 80 c. p. 3 f.

PAROISSIEN DES DEMOISELLES (petit), contenant l'office des dimanches et fêtes, en latin et en français, nouvelle édition, ornée de 6 jolies fig., 1 vol. in-32. *Paris*, 1824.
1 f. p. 1 f. 50 c.

PAROISSIEN COMPLET, contenant l'Office des dimanches et fêtes, suivant le nouveau Bréviaire et Missel de Paris et de Rome, jolie édition, 1 vol. in-18. *Paris*, 1821.
1 f. 10 c. p. 1 f. 75 c.

— *Le même ouvrage*, orné de 8 jolies gravures.
1 f. 60 c. p. 2 f. 50 c.

PAROISSIEN COMPLET, contenant en latin l'Office des dimanches et fêtes, suivant le nouveau Bréviaire et Missel de Paris et de Rome, 1 vol. in-24. *Paris*, 1821.
1 f. p. 1 f. 50 c.

— *Le même ouvrage*, orné de 6 jolies gravures, 1 vol. in-24. *Paris*, 1821.
1 f. 25 c. p. 2 f.

PAROISSIEN ROMAIN, contenant l'office divin des dimanches et fêtes, en latin et en français, propre aux personnes qui n'ont pas changé de Bréviaire, et qui suivent l'usage de Rome, 1 fort vol. in-18. *Paris*, 1821.
1 f. 10 c. p. 1 f. 50 c.

— *Le même ouvrage*, 1 vol. in-18, orné de 8 jolies gravures en taille-douce.
1 f. 60 c. p. 2 f. 50 c.

PAROISSIEN DES JEUNES VIERGES (petit), contenant l'Office des dimanches et fêtes de l'année, en latin et en français, jolie édition, augmentée de prières pour les principales circonstances de la vie, et ornée de 8 belles gravures, 1 vol. in-18. *Paris*, 1822.
2 f. p. 3 f.

PAROISSIEN DES DAMES, contenant l'Office des dimanches et fêtes, en latin et en français, selon l'usage de Paris, augmenté de l'*Attende* et de l'*Adoremus*, 1 vol. in-18, orné de 8 jolies gravures. *Paris*, 1822.
1 f. 50 c. p. 2 f. 25 c.

— *Le même ouvrage*, 1 vol. in-24, avec 6 gravures. *Paris*, 1822.
1 f. p. 1 f. 50 c.

PAROISSIEN DES DEMOISELLES (petit), contenant l'Office des dimanches et des fêtes, selon l'usage de Paris, 1 vol. in-24, orné de 6 gravures. *Paris*, 1822.
1 f. 20 c. p. 1 f. 80 c.

PAROISSIEN (nouveau), contenant l'Office des dimanches et fêtes, en latin et en français, selon l'usage de Paris, augmenté d'un Abrégé de la foi et des prières pour les principales circonstances de la vie, 1 vol. in-18, sur carré fin d'Angoulème, orné de 8 belles gravures. *Paris*, 1822.
2 f. p. 3 f.

— *Le même ouvrage*, 1 vol. in-24, avec les mêmes gravures. *Paris*, 1822.
1 f. 50 c. p. 2 f. 25 c.

PÉLERINAGE D'UN NOMMÉ CHRÉTIEN (le), écrit sous l'allégorie d'un songe, traduit de l'anglais, 1 vol.
in-18, jolie édition avec des notes marginales, tirées de l'Évangile. *Lyon*, 1823.   75 c. p. 1 f. 25 c.
PENSÉES sur les maximes les plus importantes de la religion, et sur les principaux devoirs du christianisme.
par *Humbert*, 1 vol. in-12.   1 f. 10 c. p. 2 f.
PENSÉES DE PASCAL sur la religion et sur quelques autres sujets, suivies du discours de M. *Dubois*, sur
les pensées de Pascal, du discours sur les preuves des livres de Moïse, et du traité où l'on fait voir qu'il
y a des démonstrations d'une autre espèce et aussi certaines que celles de la géométrie; nouvelle et bonne
édit. conforme à celle des premiers éditeurs, 1 vol. in-12, 1821.   1 f. 75 c. p. 3 f.
PETIT CARÊME DE MASSILLON, 1 vol. in-18, jolie édition, ornée d'un portrait très-bien gravé, par
Delvaux. Paris, 1823.   1 f. 25 c. p. 2 f.
PRÉCIS DE LA VIE DE JÉSUS-CHRIST, extrait de l'Évangile et des meilleurs auteurs qui ont écrit sur
cette matière, avec des notes historiques, géographiques et chronologiques, à l'usage de la jeunesse, par
un ancien professeur et pensionnaire de l'Université, 1 vol. in-12, orné de 50 jolies vignettes en bois.
Paris, 1821.   2 f. p. 3 f.
PRIÈRES ET INSTRUCTIONS CHRÉTIENNES pour bien commencer et bien finir la journée, pour entendre
saintement la messe et pour approcher avec fruit des sacremens de pénitence et d'eucharistie, par le
P. *Sanadon*, 1 vol. in-18, jolie édition, 1822.   1 f. p. 1 f. 50 c.
PRONÉS sur le Sacrifice de la Messe; par *Badoir*, 3 vol. in-12. *Paris*.   4 f. p. 7 f. 50 c.
RELIGION (la), poëme de *Racine* fils, nouvelle édition, augmentée des tragédies d'Esther et d'Athalie, par
Racine père, 1 vol. in-18. 1823.   1 f. p. 1 f. 50 c.
RELIGION ET LA GRACE (la), poëmes, par *Racine* fils, 1 vol. in-18, bonne édition. 1823.   1 f. p. 1 f. 50 c.
RÉPONSES CRITIQUES à plusieurs difficultés proposées par les nouveaux incrédules sur divers endroits des
livres saints, 4 vol. in-12. *Paris*, 1819.   7 f. p. 10 f.
RETRAITE SPIRITUELLE pour un jour de chaque mois; par le P. *Croiset*, de la compagnie de Jésus. Nou-
velle édition revue et augmentée des prières du matin et du soir; d'un exercice durant la Sainte-Messe,
et de plusieurs instructions et prières pour la confession et la communion, 2 volumes in-12. 1822.
     3 f. 25 c. p. 5 f.
SOUFFRANCES de Notre Seigneur Jésus-Christ, ouvrage écrit en portugais, par le P. *Thomas de Jésus*, de
l'ordre des Hermites de Saint-Augustin, traduit en français par le P. *Alleaume*, de la compagnie de Jésus.
3 vol. in-12, bonne édition.   5 f. p. 7 f. 50 c.
THÉODULE, ou L'ENFANT DE BÉNÉDICTION, modèle pour la Jeunesse, par le P. *Marin*, 1 vol. in-18.
Paris, 1824.   85 c. p. 1 f. 50 c.
— *Le même ouvrage*, orné de 4 jolies figures et d'un titre gravé, 1 v. in-18. *Paris*, 1824.   1 f. p. 1 f. 75 c.
TRIOMPHE DE L'ÉVANGILE, ou Mémoires d'un homme du monde revenu des erreurs du philosophisme
moderne, 3 volumes in-8, figure. *Lyon*, 1821.   13 f. p. 18 f.
VIE DE LA SAINTE VIERGE, Mère de Dieu, tirée des saintes Écritures et des témoignages de saints Pères,
1 vol. in-18 (seule édition dans ce format), ornée de 2 jolies gravures en taille-douce. *Paris*, 1823.
     1 f. p. 1 f. 50 c.
— *Le même ouvrage*, imprimé avec soin sur papier vélin, avec les 2 gravures.   1 f. 60 c. p. 2 f. 50 c.
VIE DE LA BIENHEUREUSE MÈRE DE CHANTAL, fondatrice, première religieuse et première supérieure
de l'ordre de la Visitation de Sainte-Marie, par l'abbé *Marsollier*, nouvelle édition, revue et augmentée
des Brefs de la béatification et de la canonisation de la vénérable Mère, par les papes Benoît xiv et Clé-
ment xiii, 2 vol. in-12, portrait, caractère cicéro, 1821.   3 f. 25 c. p. 5 f.
VIE DE JÉSUS-CHRIST (la), tirée des quatre évangélistes, et vie de la Très-Sainte-Vierge Marie, Mère de
Dieu; entremêlée de notes historiques et de courtes réflexions morales par le P. *Croiset*, 2 vol. in-12.
1822.   3 f. p. 4 f. 50 c.
VIE DE SAINT FRANÇOIS DE SALES, évêque et prince de Genève, instituteur de l'ordre de la Visitation
de Sainte-Marie, par *Marsollier*, 2 vol. in-12, 1819.   3 f. 25 c. p. 5 f.
VIE DE SAINT FRANÇOIS XAVIER, Apôtre des Indes et du Japon, par le P. *Bouhours*, nouvelle édition,
augmentée de quelques opuscules de piété, par l'abbé *F.-X. de Feller*, 2 volumes in-12, 1821. 3 f. 25 c. p. 5 f.
VIE ET RÉVÉLATIONS de la Sœur de la Nativité, religieuse converse au couvent des Urbanistes de Fougères,
écrites sous sa dictée par le rédacteur de ses révélations, 2ᵉ édition, ornée du portrait de la Sœur, et augmentée
d'un vol. qui contient tout ce qu'elle a fait écrire peu de temps avant sa mort, 4 forts v. in-12. *Paris*, 1819.
     12 f. p. 18 f.
VIRGINIE, ou LA VIERGE CHRÉTIENNE, Histoire sicilienne, pour servir de modèle aux filles qui aspirent
à la perfection, par le R. P. *Michel-Ange Marin*, 2 vol. in-12.   3 f. 25 c. p. 5 f.
VISITES au Saint-Sacrement et à la Sainte-Vierge, pour chaque jour du mois, par *Alphonse de Liguori*, traduit
en français sur la 15ᵉ édition italienne, revue par l'abbé *Baudrand*, 1 v. in-18, bonne édition. *Paris*, 1823.
     90 c. p. 1 f. 50 c.

ABRÉGÉ de l'Histoire sainte, à l'usage des élèves de l'École royale militaire. *Lyon*, 1811, 1 vol. in-12. 1 f. p. 1 f. 5o c.

ABRÉGÉ de l'Histoire sainte, par demandés et réponses, avec des preuves de la religion, 1 v. in-12. 5o c. p. 75 c.

ABRÉGÉ de l'Histoire de l'Ancien-Testament, où l'on a conservé les propres paroles de l'Écriture Sainte, avec des éclaircissemens et des réflexions, par *Mésanguy*, 10 vol. in-12. *Paris*, 1773. 18 f. p. 25 f.

ABRÉGÉ des Principes de la Morale et des règles de conduite qu'un prêtre doit suivre, pour bien administrer les sacremens, 1 vol. in-12, *Poitiers*, 1773. 1 f. 5o c. p. 2 f. 5o c.

ABRÉGÉ DES VIES DES PÈRES ET DES MARTYRS et des autres principaux saints, par *Godescard*, extrait par lui-même de son grand ouvrage, précédé d'une Notice sur la vie et les écrits de l'auteur, 4 v. in-12, 1820. 8 f. p. 12 f.

ABRÉGÉ de la Pratique de la perfection chrétienne, tiré des œuvres du R. P. *Alphonse Rodriguez*, de la compagnie de Jésus, par le P. *J. Tricalet*, directeur du séminaire de Saint-Nicolas-du-Chardonnet, 2 vol. in-12. 3 f. p. 5 f.

ACTES DES MARTYRS (les), par *Thierry Ruinard*, trad. du latin par *Drouet de Maupertuy*, 3 gros vol. in-12. *Lyon*, 1818. 4 f. 5o c. p. 7 f. 5o c.

AMANT (l') de Jésus-Christ, ou Histoire de la vie et de la mort d'un saint ecclésiastique, 1 volume in-24, 1820. 35 c. p. 6o c.

AME ÉLEVÉE A DIEU par les réflexions et les sentimens, pour chaque jour du mois, suivie de l'Ame pénitente, ou le Nouveau Pensez-y-bien, par l'abbé *Baudrand*, 2 v. in-12. 2 f. 8o c. p. 4 f. 5o c.

AME RELIGIEUSE, élevée à la perfection par les exercices de la vie intérieure, par *le même*, 1 vol. in-12. 1 f. 25 c. p. 2 f.

AME SUR LE CALVAIRE trouvant au pied de la croix la consolation dans ses peines, par *le même*, 1 vol. in-12. 1 f. 25 c. p. 2 f.

AME EMBRASÉE de l'amour divin, suivie de la neuvaine aux sacrés cœurs de Jésus et de Marie, 1 vol. in-12. *Paris*. 1 f. 5o c. p. 2 f.

AME AFFERMIE DANS LA FOI, ou Preuve abrégée de la religion, par le même, 1 vol. in-12. 1 f. 25 c. p. 2 f.

AME CONTEMPLANT LES GRANDEURS DE DIEU, par le même, 1 vol. in-12. 1 f. 25 c. p. 2 f.

AME SANCTIFIÉE, ou Religion pratiquée par la perfection de toutes les actions de la vie, par le même, 1 vol. in-12. 1 f. 25 c. p. 2 f.

AME PÉNITENTE (l'), ou le Nouveau Pensez-y-bien ; Considérations sur les vérités éternelles, avec des histoires et des exemples, nouvelle édition augmentée de prières pendant la messe et des vêpres du dimanche, par *le même*, 1 v. in-24. 4o c. p. 75 c.

AME UNIE A JÉSUS-CHRIST dans le très-saint sacrement de l'autel, par l'abbé *Duquesne*, 2 vol. in-12, port., jolie édit. 1818. 3 f. 25 c. p. 5 f.

AMÉRICAINES (les), ou les Preuves de la religion chrétienne, par madame *Leprince de Beaumont*, 6 volumes in-12. *Paris*. 7 f. p. 12 f.

ANGE CONDUCTEUR (l') dans la dévotion chrétienne, réduit en pratique en faveur des âmes dévotes, édition augmentée de l'Office de la sainte Vierge, des Offices des principales fêtes de l'année, avec les vêpres et complies des dimanches, 1 fort vol. in-12, bonne édition. 1 f. 5o c. p. 2 f. 5o c.

— *Le même ouvrage*, 1 vol. in-18, gros caractère, *Lyon*, 1822. 85 c. p. 1 f. 25 c.

ANNÉE APOSTOLIQUE, ou Méditations pour tous les jours de l'année, tirées des Épîtres des Apôtres et de l'Apocalypse de saint Jean, par l'abbé *Duquesne*, auteur de l'Évangile Médité, 12 vol. in-12, *Liége*, 1803. 18 f. p. 3o f.

ANNÉE AFFECTIVE, ou Sentimens de l'amour divin, par le R. P. *Avrillon*, 1 volume in-12. 1 f. 6o c. p. 2 f. 5o c.

ANNÉE CHRÉTIENNE, contenant l'explication des épîtres et évangiles pour les dimanches et fêtes de l'année, par *Le Tourneux*, 6 vol. in-12. *Paris*, 1746. 8 f. p. 15 f.

ANNÉE DU CHRÉTIEN (l'), contenant des instructions sur les mystères et les fêtes, l'explication des épîtres et évangiles, avec l'abrégé de la vie d'un saint, pour tous les jours de l'année, par le P. *Griffet*, nouvelle édit., 18 v. in-12. *Lyon*. 3o f. p. 54 f.

ANNÉE SANCTIFIÉE (l') par la méditation des sentences et des exemples des saints, par l'abbé *Lasausse*, 1 v. in-12. 1 f. 75 c. p. 3 f.

APOLOGIE de la Religion Chrétienne, contre l'auteur du Christianisme dévoilé, par *Bergier*, 2 vol. in-12. *Avignon*, 1823. 3 f. 25 c. p. 5 f.

ASSOCIATION à la dévotion et à l'amour des sacrés cœurs de Jésus et de Marie, nouvelle édition augmentée de prières avant la messe, 1 volume in-32, 1822. 5o c. p. 8o c.

AVIS d'un directeur à une personne engagée dans le monde, par l'abbé *Clément*, 1 vol. in-18. *Paris*, 9o c. p. 1 f. 25 c.

BIBLE DE ROYAUMONT, avec des Explications édifiantes tirées des saints Pères pour régler les mœurs dans toutes sortes de conditions, avec 267 figures en bois, 1 vol. in-8. 4 f. p. 5 f.

BIBLE DU JEUNE AGE, ou Abrégé de l'Histoire sainte, par l'abbé *Fleury*, 1 vol. in-12, orné de 36 planches gravées en taille-douce, représentant plus de cent sujets curieux et édifians, et de 3 cartes géographiques pour faciliter la connaissance de cette Histoire. *Paris*. 2 f. 25 c. p. 3 f. 6o c.

BRÉVIAIRE ET MISSEL ROMAIN, à l'usage des laïques, 1 fort vol. in-18. 1 f. 25 c. p. 2 f.

BREVIARIUM PARISIENSE, 4 vol. petit in-12. *Saint-Brieux*, 1821. 13 f. p. 20 f.

BREVIARIUM ROMANUM, nouvelle édit., contenant les hymnes anciennes et nouvelles à leur place respective, augmentée de l'Office de tous les saints nouveaux de France, d'Espagne et de Savoie, et corrigée avec le plus grand soin par M. *Aynès*, 4 vol. in-12, papier vélin, *Lyon*, 1816. 24 f. p. 32 f.

CANTIQUES SPIRITUELS (nouveau Recueil de), connus sous le nom de Cantiques d'Amiens, 1 fort vol. in-12, contenant plus de 400 cantiques. 2 f. p. 3 f.

CATÉCHISME PHILOSOPHIQUE, ou Recueil d'observations propres à défendre la religion chrétienne contre ses ennemis, par l'abbé *Feller*, 2 v. in-8, jolie édition. *Lyon*, 1819. 10 f. p. 16 f.

CATÉCHISME du diocèse de Meaux, par *Bossuet*, *Versailles*, 1815, 1 vol. in-8°, belle édition. 3 f. 50 c. p. 5 f.

CATÉCHISME (Instructions générales en forme de) où l'on explique, par l'Écriture sainte et par la tradition, l'Histoire et les Dogmes de la Religion, la Morale chrétienne, etc., édition augmentée de deux Catéchismes abrégés à l'usage de l'enfance, par *Charancy*, 5 vol. in-12, 1818. 7 f. 50 c. p. 12 f. 50 c.

CÉRÉMONIES des grandes et petites Messes, avec les Messes du pape, des évêques, des morts, et la conduite qu'on doit tenir à l'église, par l'abbé *Bannier*, 1 vol. in-12, orné de 35 figures en taille-douce, représentant les petites Messes et la Passion de Jésus-Christ, suivies de l'Office de la Messe, en latin et en français. 2 f. 75 c. p. 4 f.

CERTITUDE (la) des preuves du Christianisme, ou Réfutation de l'Examen critique des Apologistes de la religion chrétienne, par *Bergier*, docteur en théologie, 1 vol. in-12. *Avignon*, 1822. 1 f. 75 c. p. 2 f. 50 c.

CHEMIN DU CIEL (le), ou la Vie du chrétien sanctifiée par la prière, par l'abbé *Hespelle*, 1 vol. in-12. *Paris*, 1785. 1 f. 75 c. p. 2 f. 50 c.

CHRÉTIEN (le) dirigé dans la voie du salut, pendant la vie et à la mort, 1 vol in-12, *Avignon*, 1819. 1 f. 50 c. p. 2 f. 25 c.

CLERGÉ (le) de France, ou Beaux exemples de vertus chrétiennes, donnés par des ecclésiastiques, par *Hocquart*, 1 vol. in-12. fig. *Paris*, 1821. 1 f. 50 c. p. 2 f.

CONDUITE pour passer saintement les fêtes et octaves de la Pentecôte, du Saint-Sacrement et de l'Assomption, par le R. P. *Avrillon*, de la compagnie de Jésus, 1 vol. in-12. 1 f. 50 c. p. 2 f. 50 c.

CONDUITE pour passer saintement le temps de l'Avent, avec une méditation sur l'évangile du jour, et des sentences de la Sainte-Écriture et des Saints Pères, etc., par le même, 1 volume in-12. 1 f. 50 c. p. 2 f. 50 c.

CONDUITE pour la première communion, avec la Vie d'un enfant après sa première communion pour en conserver le fruit, 1 vol. in-18, 1822. 1 f. p. 1 f. 50 c.

CONDUITE pour passer saintement le Carème, par *Avrillon*, 1 vol. in-12. 1 f. 50 c. p. 2 f. 50 c.

CONDUITE (véritable) pour la Confession et la Communion, par saint François de Sales, 1 vol. in-18. 85 c. p. 1 f. 50 c.

CONFESSIONS de saint Augustin, traduites en français par *Dubois*, 1 vol. in-12. *Lyon*, 1807. 1 f. 75 c. p. 2 f. 50 c.

CONNAISSANCE de Dieu et de soi-même ; Instruction (de l') de monseigneur le Dauphin, *libre arbitre*, par *Bossuet*, 1 volume in-8°. *Paris*, 1820. 2 f. 25 c. p. 4 f.

CONSIDÉRATIONS chrétiennes pour toute l'année, avec les Évangiles des dimanches, par *Crasset*, 4 vol. in-12. 6 f. 50 c. p. 10 f.

CONSIDÉRATIONS SUR LES GRECS ET LES TURCS, suivies de mélanges religieux, politiques et littéraires, par M. *Eugène de Genoude*, 1 vol. in-8°, *Paris*, 1821. 4 f. p. 5 f.

CONSIDÉRATIONS SUR LES MYSTÈRES DE LA CROIX, tirées des divines écritures et des œuvres des S. P., 1 v. petit in-12. *Paris*, 1806. 1 f. p. 1 f. 50 c.

CONSIDÉRATIONS de l'état actuel de la religion catholique en France ; sur la nécessité et les moyens de la rétablir, par l'abbé *Cottret*, docteur en théologie, chanoine de Paris et vicaire-général de Coutances, 1 vol. in-8. *Paris*, 1815. 3 f. p. 4 f. 50 c.

CONSOLATION DU CHRÉTIEN (la), ou Motifs de confiance en Dieu dans les diverses circonstances de la vie, par l'abbé *Roissard*, prédicateur ordinaire du roi, 2 vol. in-12, bonne édition. 3 f. p. 5 f.

COURONNE (la) de l'année chrétienne, ou Méditations sur les principales et les plus importantes vérités de l'Évangile de Jésus-Christ, par *L. Abelly*, évêque de Rodez, nouvelle édition, revue, corrigée et augmentée de pratiques à chaque méditation, par *Baudrand*, 2 vol. in-12. 3 f. p. 5 f.

COURS de méditations religieuses, précédées d'une Méthode pour entendre dévotement la messe, et d'un Abrégé des obligations chrétiennes et religieuses, par M. *Lasausse*, directeur du séminaire de Tulle, 2 vol. in-12, 1781. 3 f. 25 c. p. 5 f.

COURTES RÉFLEXIONS sur différens objets de la Religion, 1 vol. in-18. *Besançon*, 1809. 85 c. p. 1 f. 25 c.

DÉISME RÉFUTÉ (le) par lui-même, ou Examen des principes d'incrédulité répandus dans divers ouvrages de J.-J. Rousseau, par *Bergier*, 1 vol. in-12. *Avignon*, 1823. 1 f. 75 c. p. 2 f. 50 c.

DÉLICES (les) de la Religion, ou les pouvoirs de l'Évangile, pour nous rendre heureux, par l'abbé *Lamourette*, 1 vol. in-12. *Paris*, 1788. 1 f. 50 c. p. 2 f. 50 c.

DEVOIRS (les) des filles chrétiennes, pour mener une vie chaste et vertueuse dans le monde, 1 vol. in-24, 1820. 65 c. p. 1 f.

DÉMONSTRATION DE L'EXISTENCE DE DIEU, tirée de l'art et de la nature, des preuves intellectuelles, et de l'idée de l'infini même, suivie des Lettres sur la religion, par *Fénélon*, 1 vol. in-12, *Paris*, 1821. 2 f. p. 3 f.

DEVOIRS (les) du chrétien envers Dieu et les moyens de pouvoir s'en acquitter, par *J. B. de la Salle*, prêtre, 1 volume in-12, bonne édition, 1820. 1 f. 35 c. p. 2 f. 25 c.

DEVOIRS ECCLÉSIASTIQUES, par *Sevoi*, 4 volumes in-12, 1816. 8 f. p. 12 f.

DÉVOTION (exercices de) à saint Louis de Gonzague, 1 vol. in-18, 1820. 1 f. p. 1 f. 50 c.

DÉVOTION au Sacré Cœur de Jésus et de la Vierge Marie, avec la Vie de sainte Marie Alacoque, 1 fort vol. in-12. *Poitiers*. 1 f. 50 c. p. 2 f. 50 c.

DÉVOTIONS ET INSTRUCTIONS CHRÉTIENNES, pour entendre saintement la messe, dite Dévotion de Sainte-Thérèse. *Lyon*, 1822, 1 fort vol. in-18. 1 f. 50 c. p. 2 f. 50 c.

DICTIONNAIRE DE LA RELIGION, en réponse aux objections des incrédules sur tous les points qu'ils attaquent, par l'abbé *Nonotte*, 4 volumes in-12, 7 f. p. 12 f.
— *Le même ouvrage*, 4 vol. in-8. 10 f. p. 20 f.

DICTIONNAIRE DU DROIT CANONIQUE, par *Durand de Maillane*, avocat au parlement d'Aix, 6 vol. in-8°, *Lyon*, 1787. 18 f. p. 27 f.

DICTIONNAIRE HISTORIQUE des cultes religieux établis dans le monde depuis son origine jusqu'à présent; nouvelle édition, augmentée des articles, calendrier républicain, concordat, congrégations religieuses, église constitutionnelle, fêtes républicaines, chevaliers de Malte, philosophie moderne, etc. 4 vol. in-8°, ornés de 4 jolies figures en taille-douce. *Versailles*, 1821. 20 f. p. 24 f.

DIEU est l'amour le plus pur, ma prière et ma contemplation, par *Eckartshausen*, 1 vol. in-18 avec figure et titre gravé. *Paris*. 1 f. p. 1 f. 50 c.

DISCOURS FAMILIERS sur divers sujets de morale, par le *P. Henri*. 5 v. in-12. *Rouen*, 1787. 7 f. 50 c. p. 12 f. 50 c.

DIURNALE PARISIENSE, 1 seul v. in-18, édition augmentée et corrigée avec le plus grand soin. *Lyon*, 1820. 3 f. 25 c. p. 4 f.

DOCTRINES spirituelles du P. Berthier, du P. Surin, du P. Saint-Jure, de M. D'Orléans de Lamotte et de sainte Thérèse, 1 vol. in-12. *Lyon*, 1820. 1 f. 60 c. p. 2 f. 50 c.

ÉCOLIER CHRÉTIEN, ou Traité des devoirs d'un jeune homme, par *Collet*, 1 vol. in-18, bonne édition, 1821. 1 f. p. 1 f. 50 c.

ÉLÉVATIONS de l'âme à Dieu, par l'abbé *Clément*, 1 vol. in-18. 90 c. p. 1 f. 50 c.

ENTRETIENS d'une âme pénitente avec son créateur, mêlés de réflexions et de prières relatives aux divers événemens de la vie, par *Jean Lebret*. 3 volumes in-12. *Paris*, 1786. 4 f. p. 6 f.

ENTRETIENS avec Jésus-Christ dans le très-saint sacrement de l'autel; par un religieux de St.-Maur. 1 vol. in-12. *Paris*, 1752. 1 f. 60 c. p. 2 f. 50 c.

ENTRETIENS FAMILIERS, ou Je veux être heureux, par un docteur de Sorbonne. 1 vol. petit in-12. *Paris*, 1782. 1 f. 50 c. p. 2 f. 50 c.

ENFER (l') révélé à la sœur de la Nativité, à l'usage des justes et des pécheurs, piqûre in-12. *Paris*, 1821. 20 c. p. 30 c.

ERREURS DE VOLTAIRE, par l'abbé *Nonotte*, nouvelle édition, augmentée de l'Esprit de Voltaire dans ses écrits, 3 v. in-12. *Paris*, 1822. 5 f. p. 7 f. 50 c.

ESPRIT (l') de Saint-Vincent de Paul, ou Modèle de conduite proposé à tous les ecclésiastiques, religieux et fidèles, dans ses vertus, ses actions et ses paroles, par *Ansart*, 2 vol. in-12. *Lyon*, 1819. 3 f. 50 c. p. 5 f.

ESPRIT (l') et la Pratique de la dévotion au Sacré Cœur de Jésus et de Marie, avec toutes les prières et oraisons nécessaires à cette dévotion, 1 vol. in-12, bonne édition. *Paris*, 1788. 1 f. 50 c. p. 2 f. 50 c.

ESPRIT, Maximes et Pensées d'Young, extrait de ses Nuits, par *Baudrand*, 1 vol. in-12. *Paris*, 1787. 1 f. 10 c. p. 2 f.

ESPRIT DU CHRISTIANISME, ou la Conformité du chrétien avec J.-C., par le père *Nepveu*, 1 vol. in-12. 1 f. 50 c. p. 2 f. 50 c.

ESPRIT CONSOLATEUR, ou Réflexions sur quelques paroles de l'Esprit-Saint, très-propres à consoler les âmes affligées, distribuées pour chaque jour du mois, par l'auteur de l'Imitation de la Sainte-Vierge, 1 vol. in-12. 1 f. 50 c. p. 2 f. 50 c.

ÉVANGILE MÉDITÉ, et distribué pour tous les jours de l'année, suivant la concorde des quatre Évangélistes, par *Giraudeau*, revu et corrigé par l'abbé Duquesne, 8 vol. in-12, 1822. 12 f. p. 20 f.

EXAMEN particulier sur divers sujets propres aux ecclésiastiques et à toutes les personnes qui veulent s'avancer dans la perfection, par *Tronçon*, 2 vol. in-12. *Lyon*, 1821. 3 f. 50 c. p. 5 f.

EXERCICES DE PIÉTÉ pour tous les jours de l'année, par le père *Croiset*, 18 v. in-12. *Lyon*, 1804. 27 f. p. 45 f.

EXERCICES pour la communion, par *Griffet*, 1 vol. in-18. 90 c. p. 1 f. 50 c.

EXERCICES DE PIÉTÉ pour employer saintement la journée, par M. *Joly*, docteur en théologie, et chanoine, 1 v. in-12, 1770 (rare). 1 f. 50 c. p. 2 f. 50 c.

EXERCICES DE L'AME, par *Clément*, 1 vol. in-12. 1 f. 50 c. p. 2 f. 50 c.

EXERCICES RELIGIEUX utiles et profitables aux âmes religieuses qui désirent s'avancer dans la perfection, 1 fort vol. in-12. *Paris*, 1736. 1 f. 50 c. p. 2 f. 50 c.

EXERCICES DE PIÉTÉ pour les fêtes mobiles de l'année, avec la vie de J. C. et de la Sainte-Vierge, par le P. *Croizet*, 6 gros vol. in-12. *Lyon*, 1804. 9 f. p. 15 f.

EXHORTATIONS pour les états différens des Malades, dont les confesseurs et les fidèles peuvent se servir utilement quand ils se trouvent auprès d'eux, avec un Recueil d'actes et d'aspirations pour le temps de l'agonie, par *Blanchard*, 2 vol. in-12. *Avignon.* 3 f. p. 5 f.

EXISTENCE DE DIEU (l') démontrée par les merveilles de la nature, par *Bullet. Besançon*, 1819, 1 vol. in-12. 1 f. 5o c. p. 2 f. 5o c.

EXISTENCE DE DIEU (de l'), par *Fénélon*, édit. augmentée des principales découvertes de la physique, et de plusieurs observations sur les harmonies de la nature, par *Aimé-Martin*, 1 vol. in-12. *Avignon*, 1820. 1 f. 5o c. p. 2 f. 5o c.

— *Le même ouvrage*, 1 vol. in-12, bonne édition. *Paris.* 2 f. p. 3 f.

EXPLICATION DES ÉVANGILES des dimanches et des principales fêtes de l'année, par M. de *La Luzerne*, nouvelle édition, 4 vol. in-12. 7 f. p. 12 f.

EXPLICATION des premières vérités de la Religion, par *Collot*, 1 vol. in-12, bonne édition, *Avignon*, 1823. 1 f. 75 c. p. 3 f.

EXPLICATIONS des Épîtres de saint Pierre, 3 vol. in-12. *Paris*, 1809. 4 f. 5o c. p. 7 f. 5o c.

EXPOSITION de la Doctrine Chrétienne, par *Mésanguy*, 4 vol. in-12. *Paris.* 7 f. p. 10 f.

FOI (la) justifiée de tous les reproches de contradictions avec la raison, par le P. *Delamarre*, 1 v. in-12. *Besançon.* 1817. 1 f. 75 c. p. 2 f. 5o c.

FONDEMENS (les) de la foi mis à la portée de toutes sortes de personnes, par *Aymé*, 2 vol. in-12. *Avignon*, 1822. 3 f. 5o c. p. 6 f.

GRADUALIS romanis Epitome à dom *La Feuillée*, 1 vol. in-12. *Poitiers*, 1791. 2 f. 25 c. p. 3 f.

GRADUEL ROMAIN, contenant les messes des dimanches et des fêtes de toute l'année, nouvelle édition augmentée de plusieurs messes omises dans les précédentes, 1 fort vol. in-12. *Avignon*, 1821. 2 f. p. 3 f.

GRANDEURS (les) de Marie, ou Méditations pour chaque octave des fêtes de la Sainte-Vierge, par l'abbé *Duquesne*, 2 vol. in-12. 3 f. p. 5 f.

HÉROINES CHRÉTIENNES (les trois), ou Vies édifiantes de trois jeunes demoiselles, 1 vol. in-18, 1822. 1 f. p. 1 f. 5o c.

HEURES NOUVELLES en latin, en gros caractères (dites *Heures aux aveugles*), précédées d'un exercice du chrétien, et suivies des sept psaumes de la pénitence, etc., 1 fort volume in-18, 1816. 1 f. 5o c. p. 2 f. 25 c.

HISTOIRE ABRÉGÉE de l'Église, avec la continuation jusqu'au Concordat, par l'abbé *Proyart*, par *Lhomond*, 1 vol. in-12. 1 f. 65 c. p. 2 f. 5o c.

HISTOIRE ABRÉGÉE de la religion, par *Lhomond*, 1 vol. in-12. 1 f. 5o c. p. 2 f. 5o c.

HISTOIRE DE LA VERTUEUSE PORTUGAISE, ou le Modèle des femmes chrétiennes, par l'abbé *Maydieu*. 1 vol. in-12. 1 f. 6o c. p. 2 f. 5o c.

HISTOIRE du peuple de Dieu, ou Paraphrase littéraire des Épîtres des Apôtres, traduit du latin par le père *Berruyer*, 5 vol. in-12. *Amsterdam*, 1758. 7 f. 5o c. p. 12 f. 5o c.

HISTOIRES ÉDIFIANTES et curieuses, par *Baudrand*, 1 vol. in-12. 1 f. 10 c. p. 2 f.

HISTOIRES SAINTES les plus remarquables de l'Ancien-Testament, extraites du P. Berruyer, à l'usage de tous les lycées, pensions et écoles secondaires, 1 vol. in-12, avec 16 fig. 2 f. p. 3 f.

HOMÉLIES pour tous les dimanches de l'année, en forme de prônes, par *Brunet*, docteur en théologie. 2 vol. in-12. *Paris*, 1776. 3 f. 5o c. p. 5 f.

HOMMAGE à la religion et aux mœurs, par les poëtes français les plus célèbres; seconde édition, augmentée des maximes de la sagesse, par *Fénélon*, et du Sage dans la solitude, par *Pey*. 1 vol. petit in-12. *Lille*, 1802. 1 f. 25 c. p. 2 f.

HOMÉLIES et Lettres choisies de Saint-Bazile-le-Grand, traduites par M. l'abbé *Auger*. 1 volume in-8°. *Paris*, 1788. 4 f. p. 6 f.

IMITATION DE JÉSUS - CHRIST, par *Gonnelieu*, avec une Pratique à la fin de chaque chapitre, 1 v. in-18. *Lyon.* 9o c. p. 1 f. 5o c.

IMITATION DE JÉSUS-CHRIST, par *Gonnelieu*, avec pratiques et prières, 1 vol. in-18, jolie édition, beau papier. *Paris.* 1 f. 25 c. p. 2 f.

IMITATION DE JÉSUS-CHRIST, par *Gonnelieu*, avec les Prières du matin et du soir, la messe, les vêpres, etc., sans les pratiques et prières, édition revue et corrigée par *Lambinet*, 1 vol. in-18. *Paris*, 1819. 6o c. p. 1 f.

IMITATION DE JÉSUS-CHRIST, par *Gonnelieu*, avec pratiques et prières. 1 volume in-24, 1822. 1 f. p. 1 f. 5o c.

IMITATION DE JÉSUS-CHRIST, nouvelle édition, revue et corrigée, par M. l'abbé de *La Hogue*, 1 vol. in-32. 75 c. p. 1 f. 25 c.

INSTITUTES DU DROIT CANONIQUE, traduites en français, précédées de l'Histoire du droit canonique, par *Durand* de *Maillane*, avocat au parlement d'*Aix*, 10 vol. in-12. *Lyon*, 1770. 14 f. p. 20 f.

INTRODUCTION à la Vie dévote de saint François de Sales, par *Brignon*, 1 volume in-12. 1 f. 5o c. p. 2 f. 5o c.

INSTRUCTION (l') du Confesseur, ou la Méthode pratique du Confessional, par le père *Seignery*, de la compagnie de Jésus, 1 vol. in-12. *Lyon*, 1730. 1 f. 5o c. p. 2 f. 25 c.

INSTRUCTION DE LA JEUNESSE, par *Gobinet*. 1 vol. petit in-12. 1 f. 5o c. p. 2 f. 25 c.

INSTRUCTIONS chrétiennes, par *Vernet*, édition augmentée d'une table des matières, par deux pasteurs de l'église de Genève, portrait, 5 vol. in-12. *Genève*, 1807. 10 f. p. 15 f.

INSTRUCTIONS en forme de catéchisme, par *Colbert*, 3 vol. in-12. *Paris*, 1822. 3 f. 75 c. p. 6 f.

INSTRUCTIONS pour la Communion par *Regnault*, 1 vol. in-18, édition complète. 75 c. p. 1 f. 5o c.

INSTRUCTIONS pour la confirmation, par le même, 1 vol. in-18, édition complète. 75 c. p. 1 f. 50 c.

INSTRUCTIONS sur les dimanches et fêtes en général, par *Collot*, docteur en Sorbonne. 1 volume in-12. 1 f. 75 c. p. 2 f. 50 c.

INSTRUCTIONS sur les principales vérités de la religion et les principaux devoirs du christianisme (dites Instructions de Toul), nouvelle édition, augmentée de prières du matin et du soir, et de celles pendant la messe. 1 vol. in-12. 1 f. 25 c. p. 2 f.

INSTRUCTIONS courtes et familières sur le Symbole, par *Lambert*, prêtre et docteur en théologie. *Lyon*, 1819, 3 gros vol. in-12. 5 f. p. 9 f.

INSTRUCTIONS sur les Épîtres des Apôtres, par le même, 2 gros vol. in-12. 4 f. p. 6 f.

INSTRUCTIONS sur les Fonctions du ministère pastoral, par l'évêque de Toul, 5 vol. in-12. *Angers*, 1820. 6 f. p. 10 f.

INSTRUCTIONS chrétiennes pour les jeunes gens, mêlées de plusieurs traits d'histoire et d'exemples édifians, 1 volume in-12, édition ordinaire. 90 c. p. 1 f. 50 c.

INSTRUCTIONS pour les Pasteurs, ou Manière de gouverner une paroisse, etc., 1 gros vol. in-12, 1817. 1 f. 50 c. p. 2 f. 50 c.

INSTRUCTIONS et prières à l'usage des domestiques et des personnes qui travaillent en ville; ouvrage qui peut servir aux confesseurs, par *Collet*, 1 vol. in-18. *Paris*, 1763 (rare). 1 f. 10 c. p. 1 f. 50 c.

JÉSUS-CHRIST, modèle des chrétiens, 1 vol. in-18. 75 c. p. 1 f. 25 c.

JOURNÉE DU CHRÉTIEN, à l'usage de Paris, latin-français. 1 fort v. in-18, petit-romain, édition de Saint-Brieux. 1 f. 25 c. p. 2 f.

JOURNÉE DU CHRÉTIEN sanctifiée par la prière et la méditation, augmentée des sept psaumes de la pénitence, des messes des principales fêtes de l'année, des vêpres, etc., 1 vol. in-12, édition commune. 1 f. p. 2 f.

JOURNÉE DU CHRÉTIEN, sanctifiée par la prière et la méditation, jolie édition, 1 vol. petit in-18. 75 c. p. 1 f. 25 c.

— *Le même ouvrage*, papier vélin, orné de figures. 1 f. 10 c. p. 2 f.

JOURNÉE DU CHRÉTIEN (nouvelle), sanctifiée par la prière et la méditation, 1 v. in-24. *Lyon*, 1820. 60 c. p. 1 f. 25 c.

JOURNÉE DU CHRÉTIEN, à l'usage de Rome, 1 gros vol. in-18. *Poitiers*. 1 f. 25 c. p. 2 f.

— *Le même ouvrage*, même édition, 1 gros vol. in-24. 65 c. p. 1 f.

JULES CHRÉTIEN, ou Dialogue sur les principes et les plus essentielles pratiques des gens du monde, 3 vol. in-8. *Bourg*, 1805. 8 f. p. 12 f.

LETTRES DE QUELQUES JUIFS PORTUGAIS, etc., à M. de Voltaire, par l'abbé *Guénée*, 3 gros vol. in-12. *Paris*. 5 f. p. 9 f.

LIVRE DE PRIÈRES (le) de Fénelon, avec ses réflexions pour tous les jours du mois, ou le *Fidèle*

adorateur, augmenté de beaucoup de prières, nouvelle et jolie édition imprimée avec soin, ornée d'une gravure et d'un titre gravé, 1821. 1 f. 10 c. p. 1 f. 75 c.

MANUALE ORDINANDORUM, nova editio auctior et completior, 1 vol. in-12, 1822. 1 f. 80 c. p. 2 f. 50 c.

MANUALE SACERDOTUM, in quatuor partes divisum, 1 vol. in-18. 85 c. p. 1 f. 25 c.

MANUEL DE PIÉTÉ à l'usage et à la portée de tous les fidèles, divisé en 3 parties, contenant : Exercices du chrétien, Précis de la Vie des Saints pour chaque jour du mois, Sages Entretiens, augmentés de pratiques et de prières, avec deux instructions particulières pour l'utilité des fidèles, 1 fort vol. in-12. 2 f. p. 3 f.

MANUEL des cérémonies romaines tirées des livres romains les plus authentiques, etc.: nouvelle et jolie édition, corrigée et augmentée. 2 vol. in-12, *Lyon*. 3 f. p. 5 f.

MANUEL DU CHRÉTIEN, contenant les psaumes, le nouveau Testament et l'Imitation de Jésus-Christ. Édition augmentée de l'ordinaire de la messe, des prières du matin et du soir, etc., selon le bréviaire de Paris et de Rome. 1 fort vol. in-18. 1 f. 80 c. p. 3 f.

MANUEL DES MISSIONNAIRES, par *Coste*, 1 vol. in-8. 2 f. 50 c. p. 4 f.

MANUEL DU CHRÉTIEN pour le temps des Missions et pour le reste de la vie, où l'on trouve tout ce qui est nécessaire à un chrétien pour s'instruire et se sanctifier; nouvelle édition, corrigée et augmentée de cantiques à l'usage des missions de France, 1 vol. in-12, 1822. 1 f. 75 c. p. 3 f.

MANUEL DU PÉNITENT, ou Motifs de contrition réduits en actes pour en faciliter la pratique, avec une conduite pour la confession, 1 vol. in-18. *Paris*, 1814. 80 c. p. 1 f. 50 c.

MANUEL D'UNE MÈRE CHRÉTIENNE (le), ou Nouvelle lecture chrétienne sur les Épîtres et Évangiles, par l'abbé l'*Écuy*, 2 vol. in-12, ornés de 50 vignettes en taille-douce. *Paris*, 1822. 5 f. p. 6 f.

MÉDITATIONS ecclésiastiques pour les fêtes de la Sainte-Vierge, des apôtres et de quelques autres saints, par *Chevassu*. *Lyon*, 1820, 6 vol. in-12. 13 f. p. 18 f.

MÉDITATIONS pour tous les jours de l'année, par *Griffet*. 1 vol. in-18. 1 f. p. 1 f. 50 c.

MÉDITATIONS pour servir aux retraites, soit annuelles, soit d'un jour par mois, pour les personnes consacrées à Dieu, par *Collet*. 1 vol. in-12. *Paris*, 1769. 1 f. 75 c. p. 2 f. 50 c.

MÉDITATIONS sur les Évangiles de l'année, et pour les fêtes de Notre-Seigneur, de la Sainte-Vierge et des Saints, par le révérend P. *Médaille*, 1 volume in-24. 70 c. p. 1 f. 25 c.

MÉDITATIONS sur les évangiles pour toute l'année; par le R. P. *Médaille*. 2 vol. in-18. *Besançon*, 1822. 3 f. p. 4 f. 50 c.

MÉDITATIONS sur les mystères de la foi et les épîtres et évangiles, tirées de l'Écriture sainte et des Pères, distribuées pour tous les jours et fêtes de l'année, par un solitaire de *Sept-Fonts*. 4 vol. in-12. *Paris*, 1802. 7 f. 50 c. p. 10 f.

MÉMOIRES pour servir à l'histoire du jacobinisme, par l'abbé *Barruel*, nouvelle édition, revue et augmentée par l'auteur, 4 vol. in-8. *Lyon*, 1819. 15 f. p. 20 f.

MÉTHODE de plain-chant, par *La Feuillée*, 1 fort vol. in-12. 2 f. p. 3. f.

MIROIR DU CLERGÉ, 2 vol. in-12, jolie édition. 4 f. p. 5 f. 50 c.

MISSIONNAIRE PAROISSIAL, ou Prônes pour tous les dimanches de l'année, avec une méthode pour les faire servir à un dessein de Mission, par *Chevassu*, 4 vol. in-12. 5 f. p. 9 f.

MODÈLE de Perfections chrétiennes, ou Vies de sainte Thérèse, sainte Jeanne de Chantal, saint Vincent de Paul, saint Ignace de Loyola, saint François de Sales, etc., 1 vol. in-12, jolie édition, 1821. 1 f. 50 c. p. 2 f. 50 c.

MŒURS des Israélites et des Chrétiens, par *Fleury*; 1 vol. in-12. 1 f. 75 c. p. 2 f. 50 c.

MORALE CHRÉTIENNE en forme de méditations, et vie chrétienne, où l'on donne des règles pour faire ses actions, remplir ses devoirs en chrétien et passer saintement les dimanches et les fêtes, 1 vol. in-12. *Lyon*, 1811. 1 f. 75 c. p. 2 f. 50 c.

MORALE tirée des confessions de saint Augustin, par l'abbé *Grou*. 2 volumes in-12. *Paris*, 1786. 3 f. p. 4 f. 50 c.

MORCEAUX DE BOURDALOUE (Choix de), ou Recueil des meilleurs passages de cet écrivain, sous le rapport du style et de la morale, 1 vol. in-12. 1821. 1 f. 50 c. p. 2 f. 50 c.

MORCEAUX DE BOSSUET (Choix de), ou Recueil des meilleurs passages de cet écrivain, sous le rapport du style et de la morale, 1 v. in-12. 1822. 1 f. 50 c. p. 2 f. 50 c.

MOTIFS (les) de crédibilité rapprochés dans une courte exposition, prouvés par les témoignages des Juifs et des Païens, développés par les Pères des quatre premiers siècles de l'Église, et par les auteurs modernes les plus célèbres qui ont écrit en faveur de la Religion chrétienne, par l'abbé *Tricalet*, 2 vol. in-12. *Paris*, 1763. 3 f. p. 5 f.

NEUVAINE à l'honneur de saint François Xavier, avec l'ordinaire de la messe, des prières pour la communion, les vêpres, etc. 1 vol. in-32. 1820. 45 c. p. 70 c.

NOUVEAU TESTAMENT DE JÉSUS-CHRIST, trad. en français, contenant le saint Évangile de Jésus-Christ d'après les quatre Évangélistes et les actes des apôtres, 1 vol. in-18. *Paris*. 1 f. p. 1 f. 50 c.

NOUVEAU TESTAMENT de N. S. J.-C., traduit sur la Vulgate, par *Le Maistre de Sacy*, 1 vol. in-12, jolie édition. *Paris*, 1819. 2 f. 25 c. p. 3 f.

NOUVEAU (le) TESTAMENT, trad. en français, par *Sacy*. 2 vol. in-8°, ornés de 112 fig. dessinées par Moreau jeune. *Paris*. 1818. 21 f. p. 36 f.

NOVUM TESTAMENTUM DOMINI nostri *Jesu-Christi*, 1 vol. in-24, bonne édition. *Paris*, 1822. 1 f. p. 1 f. 50 c.
— *Le même ouvrage*, cart. parchem. 1 f. 25 c. p. 2 f.

OEUVRES COMPLÈTES DE BOURDALOUE, bonne édition, ornée d'un portrait, 16 vol. in-8. *Lyon*, 1821. 64 f. p. 96 f.

OEUVRES COMPLÈTES DE MASSILLON. 13 vol. in-8°, imprimés sur très-beau papier, et ornés du portrait de Massillon, dessiné par Desenne, et gravé par Lignon. *Paris*, 1821. 65 f. p. 91 f.

OEUVRES COMPLÈTES DE FÉNÉLON, 19 v. in-12, bonne édition. 30 f. p. 50 f.

OEUVRES DE SAINTE THÉRÈSE, trad. en français par *Arnault-d'Andilly*, 6 vol. in-12, portraits. 13 f. p. 18 f.

OEUVRES CHOISIES de Bossuet, nouvelle édition, 4 gros vol. in-8° de plus de 1000 pages, ornée d'un joli portrait de Bossuet. *Paris*, 1821. 24 f. p. 40. f.

Nota. Cet ouvrage contient : Politique tirée de l'Écriture-Sainte, Discours sur l'histoire universelle, de l'instruction de monseigneur le Dauphin, Connaissance de Dieu et de soi-même, libre arbitre, Abrégé de l'Histoire de France, Élévation à Dieu, sur tous les mystères de la religion, Opuscules de piété et de morale, Méditations sur l'Évangile.

OEUVRES SPIRITUELLES de dom Jean Palafox, évêque d'Orma, 1 v. in-24. *Paris*. 1 f. p. 1. f. 50 c.

OFFICE DIVIN, ou Livre d'église à l'usage de Paris et de Rome, en latin et en français, 1 fort volume in-18 de 852 pages. *Paris*, libraires associés, 1789. 1 f. 50 c. p. 2 f.

OEUVRES spirituelles et pastorales, par *Carrelet*. 7 vol. in-12. *Paris*, 1805. 12 f. 60 c. p. 21 f.

OFFICE DE LA SAINTE VIERGE, du sacré cœur de Jésus, et du sacré cœur de Marie pour tous les temps de l'année, avec un exercice pendant la messe, les sept psaumes de la pénitence, etc. 1 vol. in-32. *Paris*, 1818. 45 c. p. 75 c.

OPUSCULES DE L'ABBÉ FLEURY, prieur d'Argenteuil, et confesseur de Louis XV. 6 vol. in-8°. *Nîmes*, 1781. 18 f. p. 27 f.

OPUSCULES de piété et de morale, par *Bossuet*, 1 vol. in-8°. *Paris*, 1820. 2 f. 25 c. p. 4 f.

ORAISONS FUNÈBRES de Fléchier et de Bossuet, 2 v. in-12, pouvant se relier en un. 1 f. 75 c. p. 3 f.

PANÉGYRISTES DE SAINT LOUIS (les), ou les Panégyriques de Bourdaloue, Massillon, Fléchier, etc., 2 vol. in-12, portrait. 2 f. 50 c. p. 5 f.

PARFAITE RELIGIEUSE (la) : ouvrage également utile à toutes les personnes qui aspirent à la perfection, par le R. P. *Michel-Ange-Marin*, 1 vol. in-12. 1821. 1 f. 80 c. p. 3 f.

PAROISSIEN COMPLET, contenant l'office des dimanches et fêtes, en latin et en français, suivant l'usage de Paris, 1 fort vol. in-12, 1815, gros caractère. 1 f. 75 c. p. 2 f. 50 c.

PENSÉES CHRÉTIENNES, ou Entretiens de l'âme fidèle avec son Seigneur, pour tous les jours de l'année, par l'abbé Carron, 12 v. in-18, gr.-raisin, ornés de 12 jolies fig. 18 f. p. 25 f.

PENSÉES ou Réflexions chrétiennes pour tous les jours de l'année, par le R. P. *Nepveu*. Lyon, 1818, 4 vol. in-12. 7 f. 50 c. p. 12 f.

PENSÉES sur la religion naturelle et révélée, ou Réflexions sur l'incrédulité, par *Houbigand*. 1 vol. in-8°. *Lyon*, 1769. 2 f. 50 c. p. 4 f.

PENSÉES sur divers sujets de morale et de piété, tirées des œuvres de Massillon, 1 vol. in-12, jolie édition. *Paris*, 1821. 1 f. 50 c. p. 2 f. 50 c.

PENSÉES DE LEIBNITZ, sur la religion et la morale, 2 vol. in-8. *Paris*, 1803. 6 f. p. 9 f.

PETIT-CARÊME DE MASSILLON, 1 vol. in-12, gros caractère. 1 f. 50 c. p. 2 f. 50 c.

PETIT-CARÊME, ou Explication de l'Évangile de tous les jours du Carême, par *Reyre*, 2 vol. in-12. 3 f. 25 c. p. 5 f.

PHILOSOPHES (les) des trois premiers siècles de l'Église, ou Portraits historiques des philosophes païens, qui, ayant embrassé le christianisme, en sont devenus les défenseurs par leurs écrits, par *Nonotte*, 1 vol. in-12. 1 f. 75 c. p. 2 f. 50 c.

— *Le même ouvrage*, 1 vol. petit in-8. *Paris*, 1792, bonne édition. 1 f. 50 c. p. 2 f. 50 c.

PHILOSOPHIE DE LYON, en latin, édition correcte et conforme à l'ancienne édition de Lyon, et augmentée d'un grand nombre de notes, 3 volumes in-12, 1821. 3 f. 50 c. p. 6 f.

PRATIQUE de la perfection chrétienne et religieuse, du R. P. *Alphonse Rodriguez*. Trad. de l'espagnol par M. l'abbé *Régni-des-Maréts*. 6 vol. in-12. *Lille*, 1822. 12 f. p. 18 f.

PRINCIPES de la doctrine catholique justifiés par eux-mêmes, ou Exposition de la doctrine catholique, sur la religion et l'Église de Jésus-Christ, 1 vol. in-12. *Lyon*. 1 f. 50 c. p. 2 f. 50 c.

PRINCIPES DE LA VIE SPIRITUELLE. 1 volume in-24. 80 c. p. 1 f. 25. c.

PROCESSIONALE ROMANUM, 1 gros vol. in-8, nouvelle édition corrigée avec soin, et imprimée sur beau papier et en caractères neufs. 6 f. p. 8 f.

PROJETS DE PRONES pour tous les dimanches de l'année, par M. *Grisot*, ancien directeur du Séminaire de *Besançon*, 4 volumes in-12. 1819. 7 f. 50 c. p 10 f.

PRONES réduits en pratiques pour tous les dimanches et principales fêtes de l'année, par *Billot*, ancien directeur du séminaire de Besançon, 5 vol. in-12. 8 f. p. 12 f. 50 c.

PRONES NOUVEAUX, en forme d'homélies, par l'abbé *Reyre*, ancien prédicateur, 2 vol. in-12. *Avignon*, 1822. 3 f. p. 5 f.

PRONES, ou Instructions sur les grandeurs de Jésus-Christ, par *Cochin*, 2 volumes in-12. *Paris*, 1806. 3 f. p. 5 f.

PSAUTIER EN FRANÇAIS (le), avec des notes et des argumens à chaque psaume, par *La Harpe*, 1 vol. in-12, bonne édition. 1 f. 75 c. p. 3 f.

— *Le même ouvrage*, 1 vol. in-8. 3 f. p. 5 f.

QUATRE FINS (les) de l'homme, par *Pallu*, 1 vol. in-18. 90 c. p. 1 f. 50 c.

QUINZAINE DE PAQUES, suivant le nouveau bréviaire de Paris et de Rome, en latin et en français, 1 vol. in-12. 2 f. p. 3 f.

— *Le même ouvrage*, 1 vol. in-18. 1 f. 25 c. p. 1 f. 75 c.

RÉFLEXIONS, Sentimens et Pratiques de piété, par *Baudrand*, 1 vol. in-12. 1 f. p. 2 f.

RÉFLEXIONS spirituelles du P. Berthier, nouvelle édition augmentée du texte de l'apôtre saint Paul, sur la première épître aux Corinthiens, 5 forts vol. in-12. *Toulouse*, 1811. 7 f. 50 c. p. 15 f.

RÉFLEXIONS théologiques morales et affectives sur les attributs de Dieu, en forme de méditations, pour chaque jour du mois, par le R. P. *Avrillon*, 1 fort v. in-12. *Paris*, 1775. 1 f. 50 c. p. 2 f. 50 c.

RÉGLEMENT DE VIE, pour une pieuse demoiselle, par le P. *Bridaine*, 2e édition, 1 vol. in-18, 1822. 80 c. p. 1 f. 25 c.

RELIGION (la) chrétienne méditée dans le véritable esprit de ses maximes, nouvelle édition, 6 gros v. in-12, 1819. 12 f. p. 18 f.

RELIGION (la) DÉFENDUE CONTRE L'INCRÉDULITÉ, contenant un précis de l'Histoire-Sainte, etc., par l'auteur de l'Ecole du Bonheur; 6 vol. in-12. *Paris*, 1785. 9 f. p. 15 f.

RELIGION (la) VENGÉE, poëme en 10 chants, par le C. de *Bernis*, 1 vol. in-12. 1806. 1 f. 25 c. p. 2 f.

RELIGION (la) CHRÉTIENNE justifiée au tribunal de la philosophie et de la politique, par l'abbé B. 1 vol. in-12. *Liége*, 1788. 1 f. 50 c. p. 2 f. 50 c.

RELIGION (la) RÉVÉLÉE, défendue contre les ennemis qui l'ont attaquée, par le R. P. *Le Balleur*, 4 vol. in-12. *Paris*, 1777. 6 f. p. 10 f.

RELIGION (la) suivie de la Grâce, poëmes, par *Louis Racine*, 1 v. in-12. 1 f. 50 c. p. 2 f. 50 c.

RELIGION (la), poëme par *Racine*, nouvelle édit. augmentée d'un choix d'odes sacrées, 1 v. in-18, 1806. 1 f. p. 1 f. 50 c.

RETRAITE SPIRITUELLE à l'usage des communautés religieuses, par *Bourdaloue*. 1 v. in-12. *Lyon*, 1773. 1 f. 60 c. p. 2 f. 50 c.

RITUALE ROMANUM, Pauli V pontificis maximi jussu editum, 1 volume in-18. *Avignon*, 1816. 1 f. p. 1 f. 50 c.

SAGES ENTRETIENS (les) d'une âme qui désire sincèrement son salut, 1 vol. in-24, édition commune. 70 c. p. 1 f.

SAINTES (les) VOIES DE LA CROIX, par *Boudon*, 1 vol. in-12. 1819. 1 f. 50 c. p. 2 f. 25 c.

SCIENCE DES CONFESSEURS, ou décisions théologiques dogmatiques et morales en forme de conférences ecclésiastiques, par l'abbé *De Mangin*, 6 forts vol. in-12. *Paris*, 1767. 8 f. p. 12 f.

SENTIMENS d'un chrétien touché d'un véritable amour de Dieu, tirés de divers passages de l'Écriture sainte et représentés en 46 figures, 1 v. in-12. *Paris*, 1758.　　　1 f. 5o c. p. 2 f. 5o c.

SENTIMENS SUR LA DIGNITÉ DE L'AME, la nécessité de l'adoration, etc., par le P. *Avrillon*, 1 vol. in-12. *Paris*, 1773.　　2 f. p. 3 f.

SERMONS sur divers sujets de piété, de religion et de morale, par *Feller*, 2 volumes in-8. *Lyon*, 1819.　　9 f. p. 15 f.

SERMONS POUR L'AVENT ET LE CARÊME, par *Bossuet*, 2 parties en un fort vol. in-8°. *Paris*, 1821.　　6 f. p. 10 f.

SERMONS DE L'ABBÉ CAMBACÉRÈS, prédicateur du roi, 3 vol. in-12. *Avignon*, 1823.　5 f. p. 9 f.

SERMONS pour des retraites avec des discours ecclésiastiques, des panégyriques, etc., par *Collet*, 2 vol. in-12. *Lyon*, 1765.　　3 f. 5o c. p. 5 f.

SERMONS pour le Carême, par *Bossuet*, 1 vol. in-8°. *Paris*, 1821.　　　4 f. p. 7 f.

SERMONS DE L'ABBÉ POULLE, prédicateur du roi, abbé commendataire de Notre-Dame de Nogent, 2 v. in-12. *Lyon*, 1821.　　3 f. p. 5 f.

SERMONS sur différens sujets de piété, par *Soanen*. 2 vol. in-12. *Lyon*, 1790. 2 f. 75 c. p. 4 f. 5o c.

SERMONS DU P. LENFANT, jésuite, prédicateur du roi. *Paris*, 1818. 8 v. in-12.　　16 f. p. 24 f.

SERMONS du P. *Frey-de-Neuville*, 2 vol. in-12. *Rouen*. 1778, bonne édit.　　2 f. 5o c. p. 4 f.

SERMONS DU P. GEOFFROY, édition augmentée de diverses oraisons funèbres, 4 vol. in-12. *Lyon*, 1788.　　　7 f. p. 10 f.

SERMONS DU R. P. ÉLISÉE, prédicateur du Roi, 4 vol. in-12. *Paris*, 1786.　　7 f. p. 10 f.

SOLITAIRE CHRÉTIEN (le) priant et instruisant, par l'abbé *Lasausse*, 2 vol. in-18, papier fin, orné de 4 fig. *Paris*, 1822.　　3 f. p. 4 f. 5o c.

SOUFFRANCES DE J.-C., par le père *Alleaume*, 2 vol. in-12.　　　3 f. 5o p. 5 f.

STATIONS DE JÉRUSALEM et du Calvaire, édition augmentée de l'ordinaire de la messe et de plusieurs autres prières, par *Parvilliers*. 1 volume in-24, fig.　　85 c. p. 1 f. 5o c.

TABLEAU de la Doctrine des Pères et Docteurs de l'Église, où l'on a rassemblé les endroits les plus intéressans, les plus instructifs et les pensées les plus frappantes. 2 v. in-8, 1742.　6 f. p. 10 f.

TABLEAU DE LA MISÉRICORDE DIVINE, ou Motifs de confiance en Dieu, ouvrage posthume de *Bergier*, 1 vol. in-12, 1821. 1 f. 75 c. p. 2 f. 5o c.

THÉOLOGIE MORALE, où l'on traite les cas de conscience et toutes les obligations du chrétien dans les divers états de la vie ecclésiastique, religieuse et civile, par de *La Volpilière*, docteur en théologie. 7 vol. in-12. *Paris*, 1698. 7 f. 5o c. p. 14 f.

TRAITÉ des Devoirs de la vie religieuse, par *Collet*, 2 vol. in-12. *Lyon*, 1773.　　4 f. p. 5 f.

TRAITÉ de la Confiance en la miséricorde de Dieu, par feu l'archevêque de Sens, ci-devant évêque de Soissons, 1 vol. in-12. *Paris*. 1 f. 5o c. p. 2 f. 5o c.

TRAITÉ de la paix intérieure, en quatre parties, par le R. P. *Ambroise de Lombez*, suivi des Prières que Nersès fit à la gloire de Dieu, pour toute âme fidèle à Jésus-Christ, 1 vol. in-12, nouvelle et jolie édition, 1820.　　1 f. 75 c. p. 2 f. 5o c.

TRAITÉ des Saints Mystères, par *Collet*, 2 vol. in-12.　　　3 f. 25 c. p. 5 f.

TRAITÉ des Dispenses en général et en particulier, ouvrage qui peut servir de supplément aux conférences d'*Angers* et de *Paris*, par *Collet*, 3 vol. in-12. *Paris*, 1777.　4 f. 5o c. p. 7 f. 5o c.

TRIOMPHE DE L'HOMME-DIEU, par le P. *Brunet*, 2 vol. in-12.　　　2 f. 6o c. p. 4 f.

TRIOMPHE (le) DE LA FOI CATHOLIQUE sur les erreurs des protestans, 4 volumes in-12. *Lyon*, 1749.　　　6 f. p. 9 f.

VÉRITABLES motifs de confiance que doivent avoir les fidèles dans la protection de la Vierge, 1 vol. in-24.　　　65 c. p. 1 f.

VESPÉRAL ou Antiphonaire romain pour tous les jours de l'année, 1 fort vol. in-12. *Avignon*, 1819.　　　2 f. p. 3 f.

VESPERALE, seu Antiphonarii romani Epitome, à dom. *de la Feuillée*, un fort v. in-12. *Poitiers*, 1820.　　2 f. 25 c. p. 3 f.

VIE DE JÉSUS-CHRIST dans l'eucharistie, 1 vol. in-12.　　　1 f. 5o c. p. 2 f. 25 c.

VIE (la) DE DIEU SEUL, modèle pour les personnes qui tendent à la perfection, par *Tavernier* ancien grand-vicaire, 2 volumes in-12. *Avignon*, 1810.　　　3 f. p. 5 f.

VIES DES SAINTES FEMMES, des martyres et des vierges, pour tous les jours de l'année, dédiées aux dames chrétiennes, et publiées sous la direction de plusieurs ecclésiastiques, 3 vol. in-8, ornés de 5 belles fig. représentant 29 sujets. *Paris*, 1822.　　15 f. p. 18 f.

VIE DE SAINT LOUIS DE GONZAGUE, composée en italien par le père *Virgile Cepari*, et trad. par *Carpin*, ex-pénitencier du pape, 1 vol. in-12, orné d'un portrait, 1821.　1 f. 4o c. p. 2 f. 25 c.

VIE DE SAINT STANISLAS KOSTKA, 1 v. in-12. 1821.　　　6o c. p. 1 f.

—Les deux ouvrages ci-dessus réunis. 1 f. 8o c. p. 3 f.

VIE DE SAINT VINCENT DE PAUL, par *Collet*, 1 v. in-12, portrait.　　1 f. 75 c. p. 3 f.

VIE DE SAINT FRANÇOIS RÉGIS, par *Daubenton*, 1 v. in-12, portrait.　1 f. 75 c. p. 2 f. 5o c.

VIE DES VIERGES (la), ou les Devoirs et les Obligations des vierges chrétiennes, par *Villethierry*, 1 v. in-12. *Paris*.　　1 f. 5o c. p. 2 f. 5o c.

VIE DES GENS MARIÉS (la), ou les Obligations de ceux qui s'engagent dans le mariage, prouvées par l'Écriture, les saints Pères et les Conciles, par le même, 1 v. in-12. *Paris*, 1781. 1 f. 5o c. p. 2 f. 5o c.

VIE DES VEUVES (la), ou les Obligations des veuves chréüennes, 1 volume in-12. *Paris*, 1781.
1 f. 50 c. p. 2 f. 50 c.
VIE (la) et Doctrine de Jésus-Christ, rédigées en Méditations pour tous les jours de l'année, par l'abbé *de Saint-Pard*, 2 v. in-12. *Paris*, 1775. 2 f. 50 c.
p. 4 f.
VIE DE L'EMPEREUR JULIEN, par l'abbé *de la Bletterie*, 1 v. in-12, belle édit. 1 f. 20 c. p. 2 f.
VIE CHRÉTIENNE, ou Principes de la Sagesse, par le *R. P. Colomme*, 2 volumes in-12. *Paris*, 1779.
2 f. 50 c. p. 4. f.
VIES DES SAINTS pour tous les jours de l'année, avec différentes pratiques, et des prières à la fin de chaque vie, 1 fort v. in-12.
VIES DES SAINTS pour tous les jours de l'année avec une prière et des pratiques à la fin de chaque vie et des instructions sur les fêtes mobiles, 2 v. in-12, bonne édition. 3 f. 50 c. p. 6 f.
VOIX (la) du pasteur, par *Réguis*, 2 vol. in-12. *Avignon*, 1823. 3 f. p. 5 f.
VOYAGE de Sophie et d'Eulalie au Palais du vrai bonheur, par une jeune demoiselle, 1 volume in-12, *Paris*, 1823. 2 f. 25 c. p. 2 f. 75 c.
VRAIE ET SOLIDE PIÉTÉ, expliquée par Saint-François-de-Sales, recueillie de ses Epîtres et de ses Entretiens, par *Collot*, 1 vol. in-12. *Lyon*, 1823.
1 f. 80 c. p. 2 f. 75 c.

Articles que je ne puis fournir qu'au comptant, et sans la remise de 6 pour 100.

SAINTE BIBLE en latin et en français, avec des notes littérales, critiques et historiques, et des préfaces et des dissertations tirées des Commentaires de dom *Augustin Calmet*, abbé de Sénone, de l'abbé de *Vence* et des auteurs les plus célèbres, pour faciliter l'intelligence de l'Écriture sainte, ouvrage enrichi d'un atlas in-4. composé de 38 cartes et figures, 4ᵉ édition, revue et corrigée avec le plus grand soin, 25 vol. in-8. *Paris*, 150 f. p. 175 f.
L'Atlas se vend séparément. Son prix est de 12 f. p. 15 f.
SAINTE BIBLE, traduite d'après le texte sacré, avec la Vulgate, par M. *Eugène de Genoude*, 23 vol. in-8, dont un de table. *Paris* 1821 à 1823. 115 f. p. 138 f.
CONNAISSANCE (de la) et de l'Amour de Jésus-Christ, par M. *Eugène de Genoude*, édition nouvelle et soigneusement corrigée, 1 vol. in-18. *Paris*, 1822. 2 f. p. 2 f. 50 c.
DÉFENSE DE L'ESSAI SUR L'INDIFFÉRENCE EN MATIÈRE DE RELIGION, par M. l'abbé *F. de La Mennais*, 1 vol. in-8. *Paris*, 1821. 4 f. 75 c. p. 5 f. 50 c.
DICTIONNAIRE HISTORIQUE, ou Histoire abrégée des hommes qui se sont fait un nom par leur génie, leurs talens, leurs vertus, leurs erreurs ou leurs crimes, par l'abbé *F. X. de Feller*, 5ᵉ édition, enrichie d'un grand nombre d'articles nouveaux, et corrigée sur les observations de nos meilleurs biographes, 13 vol. in-8, ornés d'un joli portrait. *Paris*. 65 f. p. 78 f.
ESSAI SUR L'INDIFFÉRENCE EN MATIÈRE DE RELIGION, par M. l'abbé *F. de La Mennais*, 2 vol. in-8. *Paris*, 1823. 11 f. p. 13 f.
Ces deux volumes se vendent séparément; le prix du tome premier est de 5 f. 50 c. p. 6 f. 50 c.
Celui du tome second, de 5 f. 50 c. p. 6 f. 50 c.
ÉTUDES LITTÉRAIRES ET MORALES sur les Historiens latins, par M. *Laurentie*, ouvrage adopté par l'Université, 2 vol. in-8. *Paris*, 1822. 8 f. 50 c. p. 10 f.
IMITATION DE JÉSUS-CHRIST, traduction nouvelle, par M. *Eugène de Genoude*, 1 vol. in-18. *Paris*, 1822. 2 f. p. 2 f. 50 c.
JOURNÉE DU CHRÉTIEN (la), nouvelle édition, divisée en quatre parties, et augmentée de prières nouvelles, avec traduction des Psaumes, par M. *Eugène de Genoude*, 1 volume in-18. *Paris*, 1822.
2 f. p. 2 f. 50 c.
LETTRE DE M. CHARLES-LOUIS DE HALLER à sa famille, pour lui déclarer son retour à l'Église catholique, in-8. *Paris*, 1821. 60 c. p. 75 c.
LIVRE D'ÉGLISE, contenant l'Office du matin complet, suivant le Bréviaire des Laïques, par M. *Eugène de Genoude*, 2 vol. in-18. *Paris*, 1822. 4 f. p. 5 f.
LIVRES SAPIENTIAUX (les), contenant les Proverbes, l'Ecclésiaste, la Sagesse et l'Ecclésiastique, traduits par M. *Eugène de Genoude*, 1 vol. in-18. *Paris*, 1822. 2 f. p. 2 f. 50 c.
NOUVEAU TESTAMENT (le), en français, traduction nouvelle, par M. *Eugène de Genoude*, 2 vol. in-18, *Paris*, 1822. 4 f. 25 c. p. 5 f.
PSAUTIER FRANÇAIS, traduction nouvelle, avec des argumens à la tête de chaque psaume, ouvrage destiné aux fidèles qui ne peuvent lire les psaumes qu'en français, par M. *Eugène de Genoude*, 2 vol. in-18. *Paris*, 1822. 4 f. p. 5 f.
QUINZAINE DE PAQUES (la), nouvelle édition, avec traduction des Psaumes, Épîtres et Évangiles, etc., par M. *Eugène de Genoude*, 1 vol. in-18. *Paris*, 1822. 2 f. 50 c. p. 3 f.
RÉFLEXIONS SUR L'ÉTAT DE L'ÉGLISE EN FRANCE pendant le 18ᵉ siècle, et sur sa situation actuelle, suivies de Mélanges religieux et philosophiques, par M. *F. de La Mennais*, 1 vol. in-8. *Paris*, 1821.
5 f. p. 6 f.

IMPRIMERIE DE CASIMIR, RUE DE LA VIEILLE-MONNAIE, Nº 12, près la rue des Lombards et la place du Châtelet.